VERLAG ANTJE
KUNSTMANN

Hanna Lemke

Gesichertes

Stories

Verlag Antje Kunstmann

Eingeladen

Als Holm versuchte, mir zu erklären, wovor er Angst hatte, erzählte er eine Filmszene nach. »Da ist also dieser Mann«, sagte er. »Er kommt nach Hause, als Zuschauer weiß man schon, er lebt allein. Der Mann zieht seine Jacke aus, geht in die Küche, öffnet die Balkontür. Es sieht ganz normal aus, als würde er das immer so machen, wenn er heimkommt. Und er setzt Wasser auf, steht vor dem Wasserkocher, wartet. Dann geht er zum Balkon. Und geht auf den Balkon und springt. Er springt runter«, sagte Holm, »er springt über die Balkonbrüstung, als wäre das eine leichte Hürde, einfach so. Einfach so.«

Wir saßen im Dunkeln vor Holms Laden, und ich lauschte auf Holms heisere Stimme; wie alles, was er sagte, immer kleiner wurde, bevor es in der Nacht verschwand. Er hatte ganz von alleine angefangen zu erzählen, in einem ruhigen, schweren Tonfall. Ich hatte ihn noch nie so lange reden gehört.

Im Winter hatte Holm einen Zettel in sein Ladenfenster gehängt: Aushilfe gesucht. Es war mir im Vorübergehen aufgefallen, der Zettel blieb noch tagelang hängen. Von meinem Küchenfenster aus konnte ich Holms Laden sehen, der eingerichtet war wie ein Wohnzimmer, mit zwei dunkelgrünen Sofas, Sesseln und einer altmodischen Schrankwand. Ich hatte Holm schon oft dort gesehen, wenn er abends auf einem der Sofas lag und es dunkel wurde. Im Laden war meist noch Fernseherlicht, spät erlosch auch das. Aber Holm verließ den Laden nicht.

»Wofür brauchst du eine Aushilfe?«, fragte ich, als ich den Laden betrat, zum ersten Mal überhaupt. Ich hatte Holm wieder auf dem Sofa liegen gesehen, jetzt stand er auf. Er deutete um sich, in den Raum hinein. »Für den Laden«, sagte er.

»Das ist ein Laden?«, fragte ich.

»Es soll sogar ein Café sein«, sagte er.

»Aber hier ist doch nie jemand«, sagte ich.

»Doch, manchmal ist hier jemand«, sagte er.

»Wer denn, du?«, fragte ich.

»Ja, ich«, sagte Holm. Er schaute mich an, als wolle er, ohne zu fragen, etwas über mich herausfinden, und ich entschloss mich, nichts mehr zu sagen, bis er was auch immer über mich entschieden hätte. Er hatte etwas an sich, das mir gefiel. Er wirkte übermüdet und überlegen, und ich wusste nicht, was es war. »Ich will, dass immer jemand hier ist«, sagte er schließlich.

Er ging nach hinten, neben der Schrankwand war eine Tür, die er öffnete. »Komm«, sagte er, »ich zeige dir den Rest. Das ist nämlich meine Wohnung«, sagte er, als wir auf dem Flur hinter dem Ladenraum standen. Er klang selbst nicht ganz überzeugt davon in diesem Moment, aber dann öffnete er die Tür zu einem weiteren Raum, in dem ich ein Bett stehen sah.

Holm zeigte mir auch das winzige Bad und die Küche. »Komm«, sagte er wieder, auf dem Küchentisch stand ein Monster von italienischer Kaffeemaschine, die Holm mit ruhigen Handgriffen bediente, so langsam, als solle es eine Vorführung für mich sein. »Zucker?«, fragte er und gab mir, obwohl ich den Kopf schüttelte, drei Löffel in den Kaffee.

»Bist du interessiert an dem Job?«, fragte er, er dehnte das Wort, Jooob, als wolle er sich damit über irgendetwas lustig machen, und ich war mir nicht sicher, vielleicht über mich.

»Wie sieht es denn aus mit dem Geld?«, fragte ich.

»Wie viel brauchst du?«, fragte er.

»Zehn Euro die Stunde?«, fragte ich. Ich dachte nicht, dass er Ja sagen würde.

»Wann kannst du anfangen?«, fragte er noch, und schwieg, als ich sagte: »Ich weiß immer noch nicht so recht, wofür du eigentlich eine Aushilfe brauchst. Sofort«, sagte ich dann.

Holm hatte kleine blaue, immer müde Augen, er sah immer leicht beunruhigt aus und angegriffen und so, als ginge er etwas nachlässig um mit sich selbst. Er war heiser oder verschnupft, fiebrig oder hustete, er trug meistens einen Schal und saß auf dem Sofa wie einer, der sich gerade wirklich ausruhen muss. Die grauen zwischen seinen aschblonden Haaren, die Falten auf seiner Stirn waren nicht zu übersehen.

Drei Abende die Woche war ich in Holms Laden; am Anfang blieb er oft für eine halbe Stunde bei mir. Dann war es, als wäre ich sein Gast und Holm sehr besorgt um mein Wohl, er brachte mir zu trinken und Schokoladenkekse und, einmal, Sandwichs mit Avocado- und Thunfischpaste.

Im Mülleimer in der Küche sah ich später die abgeschnittenen Toastbrotränder liegen, und ich fühlte plötzliches Mitleid, als ich an Holm dachte, wie er am Küchentisch saß und die Sandwichhälften behutsam aufeinanderpresste.

Er gab mir den Schlüssel zum Laden, damit ich abschließen konnte, wenn ich ging; er gab mir auch den Schlüssel zur Kasse, einer kleinen Schatulle mit Schloss, die hinter einer der Bücherreihen im Regal lag. »Nimm dir dann einfach, was du brauchst«, sagte er. Es war klar, dass er nicht weiter über Geld reden wollte, und die Kasse war immer gut gefüllt.

Allein im Laden versuchte ich mir vorzustellen, dass es mein Wohnzimmer wäre, es gelang mir ganz gut, mit der Zeit bestens. Weil ich keinen eigenen Apparat hatte, schaute ich bei Holm viel fern, ich hörte mich durch seine CDs, ich mochte die dunkelgrünen Sofas, in denen man schnell versank. Es lag immer eine Decke bereit für den Fall, dass ich fror, an der Kühlschranktür hing der Zettel vom Pizzaservice.

Ich erzählte niemandem von Holm, von meinem Job bei ihm. Ich hätte nicht gewusst, was ich dazu hätte sagen sollen; dass ich allein fürs Herumsitzen bezahlt wurde, wäre mir in dem Moment wie etwas sehr Fragwürdiges vorgekommen.

Ich hatte keine Ahnung, wo Holm seine Abende verbrachte. Niemand kam in den Laden, wenn er nicht da war, auch das Telefon klingelte nicht. »Ich will, dass immer jemand hier ist«, hatte er gesagt, und offensichtlich war das der ganze Zauber.

Manchmal trafen wir uns noch, wenn er zurückkam, bevor ich ging. »Alles klar?«, fragte er mich, und ich sagte: »Klar«, ich sagte: »Alles bestens«, ich sagte: »Wie sollte es anders sein.« Holm sah erschöpft aus, mehr noch als sonst, und er winkte nur ab, wenn ich fragte: »Und bei dir?«

Er ließ sich auf das Sofa fallen, er sagte mit geschlossenen Augen: »Du kannst jetzt gehen«, als würde er mich aus einer Pflicht entlassen, dankbar, und trotzdem fühlte ich mich wie weggeschickt. Ich begann, tagsüber in den Laden zu gehen. Ich ging, wenn ich vermutete, dass Holm nicht da war, ich ging, sagte ich mir, nur um einen Kaffee zu trinken, um in der Küche nach Schokoladenkeksen zu suchen, um mich ins Schaufenster zu stellen und ein wenig auf die Straße zu schauen.

Ab und an sah ich dort zwei Mädchen im Grundschulalter, sie wohnten in der Nachbarschaft und spielten auf dem Gehsteig, ihre Rufe drangen auch zu mir, wenn ich in meiner Wohnung war. Sie schauten mich an, als hätte ich mich zu ihrer Beurteilung ausgestellt, und als ich ihnen zuwinkte, lachten sie nur und rannten davon.

»Du bist da?«, fragte Holm, als er mich das erste Mal außerhalb der Zeiten im Laden antraf. Er sah erstaunt aus, aber nicht so, als würde es ihn stören, und ich begann, auch abends auf ihn zu warten, bis er heimkam mitten in der Nacht.

»Du musst nicht so lange bleiben«, sagte er einmal und dann nichts mehr, und ich hätte es gerne gehabt, dass es nun so war, wie er es sich beim Gedanken an eine Aushilfe in seinem Laden vorgestellt hatte, wenn wir nach seiner Heimkehr noch ein Bier miteinander tranken, stumm, und auf dem Fernsehbildschirm die Softpornos und Call-in-Shows und die uralten Filme an uns vorbeiflimmerten.

Holm sah bleich aus, verschwitzt, wie in Panik, als er eines nachts im Frühjahr in den Laden gestolpert kam. Etwas war nicht in Ordnung mit seinem Gesicht; es war, als würde ich ihn im Zerrspiegel sehen oder eine Fratze. Aber es war Holm, der schwankte, der ein paar ins Nichts fassende Bewegungen machte, der sagte: »Kannst du mich alleine lassen, bitte, kannst du mich bitte, bitte alleine lassen.«

Er ging nach hinten, und ich hörte noch, wie er sich übergab, mühsam würgend und hustend. Von meinem Küchenfenster aus schaute ich zum Laden hinüber, es blieb dunkel dort, während die Straßenlaternen erloschen und die ersten Leute mit ihren Hunden aus den Häusern kamen.

Am nächsten Tag hing ein Zettel an der Ladentür, auf den Holm sehr klein und mit krakeliger Schrift »wegen Krankheit geschlossen« geschrieben hatte, als wäre es eine private Notiz oder eine Nachricht nur für mich. Ich schloss die Tür trotzdem auf.

Holm lag im hinteren Zimmer auf seinem Bett wie aufgebahrt, gerade auf dem Rücken, die Decke glatt über sich gebreitet, die Hände gefaltet, und als er mit mir sprach, hatte er immer noch denselben klagenden, anklagenden Tonfall wie in der vergangenen Nacht.

»Hör zu«, sagte er, »es war nicht so gedacht, dass du hier dein Leben verbringst, also kannst du den Schlüssel einfach auf dem Küchentisch liegen lassen, ja?«

Der Zettel blieb einen Monat lang an der Ladentür hängen, und ich sah Holm die ganze Zeit nicht. Dann saß er eines Abends wieder auf einem der Sofas und schaute fern. Ich ging sofort zu ihm. »Ich war bei meiner Familie«, sagte er, als ich sagte, ich hätte mir schon Sorgen um ihn gemacht.

»Bei deiner Familie?«, fragte ich, und es musste geklungen haben, als hätte ich bislang angenommen, er habe gar keine Familie. Holm wiederholte, meinen erstaunten Tonfall imitierend: »Ja, bei meiner Familie.«

Ich hatte mich neben ihn aufs Sofa gesetzt, und er schaltete sich mit der Fernbedienung durch die Programme, den Daumen auf dem Knopf, einen Kanal pro Sekunde, nach drei Durchläufen schaltete er den Fernseher aus. »Es läuft nichts«, sagte er, und wenn Holm jemals, dachte ich, eine klare Aussage über uns hatte treffen wollen, dann war es wohl diese.

Als es Wochen später endlich wärmer wurde, fuhr Holm mit einem Sprinter vor, aus dessen Laderaum er Bistrotische und Stühle hievte. Von meinem Küchenfenster aus sah ich zu, wie er sie vor dem Laden aufstellte und sich breitbeinig und mit einem selbstzufriedenen Lächeln in die Sonne setzte, als hätte er etwas vollbracht, auf das er stolz sein könne.

»Ist es nicht herrlich«, sagte er, als ich zu ihm kam. Ich nickte. Holm brachte auch eine Schiefertafel, die er draußen neben der Tür an das Schaufenster lehnte und auf die er »Bier und Kaffee« schrieb, mit drei Ausrufezeichen dahinter.

Die beiden Nachbarschaftsmädchen kamen um die Ecke, sie flüsterten miteinander, Holm reichte mir seine Sonnenbrille und ging in den Laden. Das kleinere der beiden Mädchen kam auf mich zu und sagte in einem Tonfall, dem man das Vorherüberlegte anhörte, und so fordernd, dass es wie ein Befehl klang: »Gibt es auch noch etwas anderes als Kaffee und Bier!«

»Ich schau mal«, sagte ich.

Auf dem Weg zur Küche sah ich Holm in dem hinteren Zimmer auf dem Bett liegen, den Arm über das Gesicht gelegt. Im Kühlschrank fand ich kleine Flaschen mit roter Limonade, die ich den Mädchen mit Strohhalm servierte. Sie saßen ruhig auf ihren Stühlen. Es war, als würden sie so tun, als seien sie erwachsen; als würden sie es spielen, ohne es zu merken.

Sie kicherten, als ich Holms Sonnenbrille aufsetzte, die viel zu groß war für mein Gesicht, und nachdem sie beide mit ihren Strohhalmen eine Weile auf den Böden der Limonadeflaschen herumgeschlürft hatten, sagte das kleinere Mädchen sehr laut: »Zahlen bitte!«

»Ihr seid eingeladen«, sagte ich, und, weil ich mir nicht sicher war, ob sie wussten, was das hieß: »Ihr müsst nichts bezahlen.«

Bevor sie gingen, fragte das kleinere Mädchen mich, ob sie die Flaschen behalten dürften. Ich nickte und sah ihnen hinterher, als sie, immer noch wie im Spiel, davongingen.

Holm wachte seufzend auf. Er drehte sich weg von mir, zur Seite, ich legte mich neben ihn und presste mich an seinen Rücken. Es war kaum Platz und fast so, als müsse ich mich an Holm festhalten, um nicht herunterzufallen vom Bett.

Ich atmete den süßlichen, dumpfen Geruch von Holms Schläfrigkeit ein, der sich vom Ansatz seiner Haare in die Kissen gelegt hatte, ich atmete tief, dann stand ich wieder auf und blieb stehen, vor seinem Bett, während Holm sich umdrehte, mich anschaute; er blieb liegen, er wusste überhaupt nicht, was er jetzt tun sollte oder sagen, das sah ich ihm an.

Wir saßen weit voneinander entfernt an diesem Abend, und es war fast schon Nacht, wir saßen auf den Stühlen an den Tischen vor dem Laden. »Er springt über die Balkonbrüstung, als wäre das eine leichte Hürde«, sagte Holm. Im Laden brannte noch ein kleines Licht, ich trank rote Limonade. »Einfach so. Einfach so.«

Holms Stimme war leise geworden. »Und das Schlimme daran war«, fuhr er fort, »oder vielleicht nicht das Schlimme, sondern einfach: der Punkt, dass man nicht verstanden hat, wann der Mann diese Entscheidung gefällt hat. Es war, als gäbe es diesen Moment gar nicht. Es war vielmehr so, als wäre ihm plötzlich etwas klar geworden. Wie eine Eingebung.«

Er schwieg, dann sagte er noch: »Und das Schlimme, also das wirklich Schlimme an dem Film war, es war ein totaler Kitsch, am Ende schreibt der inzwischen erwachsene Sohn des Selbstmörders an seinen Adoptivvater, der übrigens der Bruder des Selbstmörders ist, eine Postkarte, auf der steht: Du hattest recht, das Leben ist wirklich schön.«

Die rote Limonade war bitter, sie schmeckte fast wie Campari. Im Nachhinein war ich erstaunt, dass die Nachbarschaftsmädchen sie so schnell ausgetrunken hatten. Ich meinte zu spüren, wie meine Zunge rauer wurde, bei jedem Schluck, ich meinte zu spüren, wie es Holm ging, wie er dort saß, mit seinen fettigen Haaren, seiner Müdigkeit, Holm, nie gut erholt, Holm, mit den dunklen Gedanken, und ich meinte zu wissen, was ich jetzt sagen sollte, aber er stand auf.

»Du hast dir jetzt auch lang kein Geld mehr genommen«, sagte er. Er zog sein Portemonnaie aus der Hosentasche, und ich sah zu, wie er die Scheine auf den Tisch blätterte, Fünfziger, Zwanziger. »Das ist für dich«, sagte er, und als ich mich nicht bewegte, nahm er das Geld und reichte es mir. Und als ich mich immer noch nicht bewegte, kam er zu mir, packte meine Hand und drückte die Scheine hinein. »Das bekommst du«, sagte er.

Er ließ meine Hand los, und wir sahen zu, wie sie ganz schlaff wurde und wie mein Arm hinuntersank und wie die Scheine zu Boden fielen, zwischen unsere Füße, und wie sie dann, getrieben von einem leichten Wind, der ich weiß nicht woher kam, über den Bürgersteig wehten, bis auf die Höhe der Ladentür, und weiter, darüber hinaus.

Reflexe

Stella sprach mich an, auf der Geburtstagsfeier eines Freundes, sie sagte: »Du.« Sie war einen Kopf kleiner als ich, hatte nackte Schultern, nackte Arme und überhaupt wenig an. »Du bist mit mir zur Schule gegangen«, sagte sie, »erinnerst du dich noch?«

»Nein«, sagte ich, und Stella nannte mir den Namen meiner Heimatstadt, meiner Schule und den Abiturjahrgang. Es war eine große Jahrgangsstufe gewesen, und ich hatte nie viel Kontakt gehabt. Eigentlich hatte sich mit dem letzten Schultag alles erledigt, die Prüfungen kamen, die Zeugnisvergabe, dann war ich weggezogen.

»Was machst du hier?«, fragte Stella.

»Feiern«, sagte ich und wollte weiter, aber sie hielt mich am Arm fest.

Sie sagte: »Ich weiß, du denkst nicht gern an früher, ich tue das auch nicht.«

Stella hatte eine Art zu sprechen, dass alles, was sie sagte, bedeutsam klang, ernst und eindringlich. Manchmal runzelte sie dabei die Stirn, und ihre Stimme bekam etwas

Drängendes. Selbst wenn Stella sich ein Bier bestellte, behielt sie diesen Tonfall bei.

»Ich hatte das damals auch so über«, sagte sie, »diese Kleinheit, diese Beschränktheit.« Wir hatten uns auf ein Sofa gesetzt, und während Stella redete, schaute ich den tanzenden Partygästen zu, was mich immer ein wenig traurig macht, ohne dass ich verstehe, warum.

»Und ich habe damals gemerkt, dass es dir genauso ging«, sagte sie, »man hat dir das angesehen.« Ich sagte nichts, und etwas später stand Stella auf und begann zu tanzen, sie schloss die Augen dabei, und dann stand auch ich auf, holte meine Jacke und ging.

Am nächsten Wochenende sah ich Stella wieder, sie kam in die Bar, in der ich arbeitete. Sie war mit ein paar Freunden unterwegs, und von ihrem Tisch aus lächelte sie mir zu. Sie saß sehr aufrecht, trank viel, redete wenig und strich sich mit einer immer gleichen Bewegung die Haare hinters Ohr.

Ihre Freunde sahen aus wie die meisten Bargäste, mit sorgfältig verwuschelten Haaren und so gekleidet, als wollten sie damit persönlichen Stil ausdrücken. Stella trug ein schlichtes schwarzes Kleid, und obwohl es nicht zu kurz war und nicht zu weit ausgeschnitten, hatte ich wie bei unserer ersten Begegnung den Eindruck, dass sie irgendwie zu wenig anhatte.

Neben Stella saß einer, der sie ununterbrochen anstarrte, von der Seite und gierig. Sie schien das nicht zu stören. Sie reagierte nicht, als er seinen Arm um sie legte und sie zu sich zog. Auch als er anfing, mit breiter Zunge ihren Hals abzulecken, blieb Stella ganz ruhig sitzen, die Hände im Schoß gefaltet, als würde sie auf etwas warten.

Kurz darauf kam sie zu mir. »Wir gehen noch woanders hin«, sagte sie, »schade, dass du nicht mitkommen kannst.« Obwohl sie betrunken sein musste, war ihr Blick vollkommen klar.

Der, der neben ihr gesessen hatte, stand an der Tür und schaute zu uns herüber. »Der Typ«, sagte ich mit einer Kopfbewegung in seine Richtung, und ohne sich umzuschauen, fragte Stella: »Ja?«

»Der ist eklig«, sagte ich, und im selben Moment fühlte ich ein Kribbeln hinter meiner Stirn und an meinen Wangen; so fühlt es sich an, wenn ich glaube, rot werden zu müssen, aber tatsächlich werde ich nie rot.

Stella lachte. »Ja«, sagte sie, »da hast du leider recht«, und im selben Atemzug: »Gibst du mir bitte noch deine Nummer?«

Ein paar Tage später rief sie mich an. »Gehen wir aus?«, fragte sie. »Gerne«, sagte ich. Sie schlug vor, dass wir uns noch am selben Abend treffen könnten, in einer Bar. Ich fragte: »Und wann?« Sie wiederholte: »Heute abend.«

Ich wollte fast noch einmal nachfragen: Und um wie viel Uhr?, aber dann sagte ich nur: »Gut, bis später also.«

Und Stella sagte: »Ja, bis dahin«, und legte auf.

Als ich gegen zehn in die Bar kam, war Stella schon da. Sie war nicht allein. Sie war in ähnlicher Gesellschaft wie an dem Abend in meiner Bar, aber wenigstens winkte sie mir zu, gleich nachdem ich hereingekommen war.

Ich ging zu ihr, und wie selbstverständlich rückten alle so zusammen, dass neben Stella ein Platz für mich frei wurde. »Wir sind schon zusammen zur Schule gegangen«, sagte sie zu den anderen. Sie musterten mich, keiner von ihnen sagte etwas. »Meine Freunde«, sagte Stella und nannte mir die Namen, die natürlich alle außergewöhnlich klangen, Fiffi, Laurenz, Berne und so fort; ich war entschlossen, mir keinen einzigen davon zu merken.

Ich hörte zu, wie Stella und ihre Freunde sich unterhielten, über eine Ausstellung, in der ich nicht gewesen war, und einen Film, den ich nicht gesehen hatte. Ich versuchte, mich schnell zu betrinken und nach einer Weile nur noch dann hinzuhören, wenn Stella etwas sagte.

Stella sagte: »Ich habe das gemocht.«

Stella sagte: »Ich habe mich mit ihr identifizieren können, ich weiß, dass das kein Kriterium ist, ich finde es selber immer seltsam, wenn jemand so etwas sagt, aber so war es.«

Sie wiederholte ernsthaft wie für sich selbst: »Aber so war es.«

Ich dachte daran, mich zu verabschieden, als wir die Bar verließen. Aber ich war noch nicht betrunken. Ich dachte: Vielleicht wird es dann besser.

Wir gingen weiter, in die Färberei, wo es so voll war, dass ich Stella und ihre Freunde sofort aus den Augen verlor. Es machte mir nichts aus. Ich holte mir ein Bier, stellte mich an die Wand und schaute den tanzenden Leuten zu.

Irgendwann kam einer von Stellas Freunden und stellte sich neben mich. Seine Haare klebten nass an seiner Stirn und seine Pupillen waren winzig. Er fragte: »Und du kennst Stella schon lange?« Er musste schreien, um die Musik zu übertönen.

Ich zuckte mit den Schultern und schrie zurück: »Na ja.« Dann schaute ich wieder zur Tanzfläche. Ich spürte den Blick von Stellas Freund auf mir, aber als ich mich zu ihm umdrehte, war er nicht mehr da. Inzwischen war ich betrunken, so viel war sicher, und ich blieb immer noch. Ich wurde nicht müde, auch nicht trauriger. Ich sah Stella von Weitem. Sie war zusammen mit einem, der sie anfasste, der ihr unter das T-Shirt ging, und Stella schaute zu mir und wieder weg, und ich holte mir ein letztes Bier.

»Hat es dir gefallen?«, fragte Stella, als sie mich am nächsten Tag anrief, und ich entschied mich, die Frage so zu verstehen, dass sie den ganzen Abend meinte. »Es geht so«, sagte ich.

»Vielleicht gewöhnst du dich daran«, sagte sie. »Ich weiß, dass du mich gesehen hast«, fügte sie hinzu und sprach plötzlich sehr deutlich. »Ich weiß, dass dich interessiert, wer das gestern war, aber das ist nicht wichtig, verstehst du. Ich gehe so weit, wie es eben geht«, sagte sie. »Verstehst du, was ich meine?«

Der Typ, der Stella am Abend in meiner Bar abgeleckt hatte, hieß Marek. Ich sah ihn an einem der nächsten Abende mit Stella wieder. Er tat so, als würde er mich nicht erkennen, und behandelte mich genauso abweisend wie die meisten von Stellas Freunden. Ich passte nicht zu ihnen, sie wussten das und ich wusste das auch.

Aber wenn Stella mich anrief, um zu fragen, ob ich am Abend mitkommen wolle, sagte ich immer Ja. Ich wusste selber nicht, warum, denn ich hatte auch schnell verstanden, dass die Abende mit Stella alle gleich abliefen.

Ihre Freunde waren immer dabei, und immer ging es nur darum, sich zu betrinken. Stella trank von allen am meisten, hatte sie einmal ein Getränk in der Hand, stellte sie es nicht mehr ab und nahm etwa alle zehn Sekunden einen Schluck.

Dabei zeigte sie nie die üblichen Anzeichen eines

Rauschs. Nur dass sie meistens anfing, mit irgendeinem herumzumachen, der sie vielleicht angestarrt oder angelächelt oder ihr auch nur im Vorübergehen einen Blick zugeworfen hatte.

Stella schien in dieser Hinsicht seltsam wahllos, oft genug war sie es auch, die auf jemanden zuging. Dann knallte sie ihr Glas oder ihre Flasche auf den Tisch und sagte: »So!«, und manchmal schaute sie mich noch an und sagte: »Verstehst du, was ich meine?«

Dann war es, als wolle sie mir etwas zeigen. Ich wusste nicht, was. Und ich wusste auch nicht, warum. Ich fand es schwer zu ertragen, wenn Stella bei jemand anderem war. Einmal sah ich, wie einer ihr den Arm auf den Rücken drehte; sie wehrte sich nicht.

Wenn sie mich am nächsten Tag anrief und fragte, wie es mir gefallen habe, antwortete ich nur ausweichend. Nach wie vor verunsicherte mich die Frage, aber als ich Stella fragte: »Was meinst du eigentlich?«, fragte sie zurück: »Was meinst du mit was meinst du eigentlich?«

»Mir gehts nicht gut«, sagte Stella schließlich, nach Wochen, am Ende eines Abends. Wir gingen von da nach dort und nebeneinander her, ihre Freunde waren weit vor uns. »Es sieht vielleicht so aus, als gings mir ganz gut«, sagte sie, »aber das stimmt leider nicht.«

Zum ersten Mal hörte ich ihr an, dass sie getrunken hatte; sie sprach langsamer als sonst und verschleppte die

Wörter, ganz leicht nur. »Ich glaubs«, sagte ich. »Aber ich finde auch nicht, dass es so aussieht, als ging es dir ganz gut.«

»Nicht?«, fragte sie und schaute mich von der Seite an. Ich wusste nicht, ob sie ironisch war. »Dir gehts auch nicht gut«, sagte sie. »Dabei bist du damals weggegangen, weil es dir schlecht ging und du wolltest, dass alles besser wird, das weiß ich.«

»Ach ja?«, sagte ich, und sie sagte: »Ja, das weiß ich ganz genau.«

»Kann sein«, sagte ich. Es war Jahre her, dass ich von der einen Stadt in die nächste gezogen war, angefangen hatte zu studieren und, als mir das nicht gefiel, angefangen hatte, in Bars zu arbeiten.

Ich dachte daran, wie ich immer, wenn ich das Gefühl hatte, vor irgendjemandem mein Leben verteidigen zu müssen, mich selbst als völlig ambitionslosen Menschen dargestellt hatte. Und wie oft ich wohl schon gesagt hatte: So ist es, und das ist alles. »Kann sein«, sagte ich also zu Stella, und wie aus einem Reflex heraus fügte ich hinzu: »Aber ich glaube, du irrst dich.«

Wir landeten in einem leeren Ladenlokal. Jemand sagte, es sei ein Ausstellungsraum, aber es hingen keine Bilder an den Wänden, jemand sagte, die Ausstellung fange erst nächste Woche an. Jemand sagte: »Dernierenscherz«, und ich lachte. Ich sah Stella am anderen Ende des Raums, sie stand bei Marek. Sie war von mir weggegangen, gleich nachdem wir den Laden betreten hatten.

Ich setzte mich. Die Fensterscheiben waren beschlagen, und ich wischte mir die Sicht nach draußen frei, auf eine unbefahrene Kreuzung in der Morgendämmerung. Ich dachte darüber nach, dass es ähnlich sein müsste, in einem Aquarium zu sitzen; gleichzeitig merkte ich, dass ich schon wieder nüchtern wurde.

Ich hörte Marek lachen, ein fettes und irgendwie abschätziges Lachen, es klang, als lache er Stella aus. Es machte mich sofort wütend, und als ich mich umschaute, sah ich, dass auch Stella wütend war. Sie gab Marek einen Stoß, und Marek, schwerfällig vom Alkohol, torkelte, stolperte und fiel tatsächlich hin.

Er stand nicht wieder auf. Er setzte sich, zog die Beine an den Körper, legte die Stirn auf die Knie. Stella blieb neben ihm stehen, die Hände in die Hüften gestützt. Dann fing sie an, Marek zu treten.

Ihre Tritte waren zunächst vorsichtig, so, wie man vielleicht ein Tier treten würde, ein Reh, das man überfahren hat, und von dem man nicht weiß, ob es noch lebt.

Sie trat Marek in die Seite, in den Rücken, dann ging sie ein paar Schritte, trat gegen seine Schienbeine. Marek zuckte. Aber er wehrte sich nicht. Und Stella ballte ihre Hände zu Fäusten, sie holte weiter aus mit ihrem Fuß, als müsse, als würde sie einen Ball weg-, eine Tür eintreten, etwas Größeres, und immer wieder.

Mir wurde schlecht, als ich aufstand. Ich ging zu Stella. Ich sagte: »Wir gehen jetzt.« Stella schaute mich an. »Okay«, sagte sie. Es klang, als nehme sie eine Herausforderung an. Ich hörte Marek leise wimmern, und für einen Moment wünschte ich mir, Stella nicht unterbrochen zu haben.

Draußen übergab ich mich, kurz vor der Kreuzung, Stella stand stumm neben mir. Dann gingen wir weiter, und als wir zu einem Taxistand kamen, sagte ich: »Du fährst jetzt nach Hause.« Wieder sagte Stella nur: »Okay.«

Ich öffnete ihr die Wagentür, gab dem Fahrer mein letztes Geld und wartete, bis er weggefahren war. Ich hatte keine Ahnung, wo ich war, und lief einfach weiter. Erst als ich einen Stadtplanaushang fand, bemerkte ich, dass ich die Gegend doch kannte, und dass ich die ganze Zeit in die falsche Richtung gelaufen war.

Am Nachmittag rief Stella mich an. »Ich muss dir was zeigen«, sagte sie.

»Du kannst zu mir kommen«, sagte ich. Mir war elend zumute, alles an meinem Körper tat weh.

Es war das erste Mal, dass Stella und ich uns alleine trafen. Stella saß neben mir auf der Bettkante, ihr Lächeln war fast scheu. »Wie geht es dir?«, fragte sie, und ich zuckte mit den Schultern und fragte: »Und dir?«

»Irgendwie hat das gutgetan gestern«, sagte Stella, und, wie verwundert: »Ich war so wütend.«

»Und es musste sein«, sagte ich.

»Ja«, sagte Stella. Sie lachte und schaute mich an, erstaunt, und als hätte ich endlich etwas begriffen, wiederholte sie: »Ja genau, das musste sein.«

»Was wolltest du mir zeigen?«, fragte ich.

Stella griff nach ihrer Tasche, sie zog ein Foto hervor und reichte es mir. Es war unser Abiturfoto. Es zeigte den gesammelten Jahrgang auf dem Schulhof, und alle trugen die gleichen blauen Abitur-T-Shirts.

Ich erinnerte mich, das Foto war am letzten Schultag gemacht worden, von einem der höher gelegenen Klassenzimmer aus, und eigentlich hatte es am Ende zwei unterschiedliche Fotos geben sollen: eins, auf dem alle winkten, und eins, auf dem keiner winkte. Aber die Anweisungen, vom Fenster aus heruntergebrüllt, waren so undeutlich, dass die Idee nicht funktionierte, es gab immer jemanden, der winkte, während jemand anderes nicht winkte.

Ich erinnerte mich sehr gut an diese Situation, und ich schaute mir das Foto genauer an, um Stella und mich zu suchen. Aber unter all den Gesichtern erkannte ich weder Stellas noch meins.

Gesichertes

Ich ziehe zu Tilman«, sagte Georg im Juni. Ich nickte und konnte für einen Moment nichts sagen. Dabei hatte ich mit so etwas schon gerechnet. Es war ein Jahr her, dass Georg bei mir eingezogen war, und ein Jahr, das ist so Georgs Zeit.

»Ausgerechnet zu Tilman«, sagte ich schließlich.

Und Georg sagte unvermittelt: »Du bist zu misstrauisch.«

Ich zuckte mit den Schultern. »Wahrscheinlich hast du recht«, sagte ich.

Georg kennt mich gut; er ist mein Bruder. Tatsächlich konnte ich schwer sagen, woran es lag, dass ich Tilman nicht mochte. Wenn wir uns begegneten, sagten wir uns Guten Tag und Auf Wiedersehen und sonst nichts.

Georg und Tilman hatten sich auf einer Feier von der Kunsthochschule kennengelernt. Georg hatte dort zwei Semester studiert, dann war es ihm langweilig geworden. Tilman nannte sich selbst einen freischaffenden Künstler, und was er eigentlich machte, wusste keiner.

Ich konnte ihn mir gut als Vertreter vorstellen, wie er

von Haustür zu Haustür ging und alten und selbstverständlich hilflosen Damen Staubsauger oder Zeitschriftenabonnements andrehte. Er hatte so eine Art. Ich vermutete auch, dass er sich die Haare färbte, die schwärzer waren als schwarz.

Alles, was Georg hatte, passte in eine Reisetasche. Ich schaute ihm beim Packen zu. Ich überlegte, noch etwas zu sagen, dass wir eine schöne Zeit gehabt hätten oder dass ich hoffte, dass er sich bald bei mir melden würde. »Sei nicht traurig«, sagte Georg zum Abschied und zog die Wohnungstür hinter sich zu.

Ich ging in die Küche und schaute aus dem Fenster. Unten, vor dem Haus, sah ich Tilman stehen. Ich fragte mich, wie lange er schon dort stand; ob er unten auf Georg hatte warten wollen, oder ob er noch geklingelt hätte. Tilman wohnte nur ein paar Straßen weiter, und ich hoffte, ihm nicht zu begegnen, nicht in der nächsten Zeit.

Ich zog das Bettzeug vom Sofa, das auf dem Flur stand und auf dem Georg geschlafen hatte. Meine Wohnung war nicht groß, ich hatte nur ein Zimmer, Küche und Bad und den Flur. Als Georg eingezogen war, hatte ich befürchtet, es könne vielleicht zu eng werden. Aber dann war es die meiste Zeit so gewesen, als sei Georg gar nicht da.

Ich begegnete Tilman tatsächlich nicht in der nächsten Zeit. Ich sah ihn nur einmal auf der anderen Straßenseite und schaute schnell weg. Ich war mir sicher, dass Tilman dasselbe für mich getan hätte.

Als Papa mich anrief, gab ich ihm Tilmans Nummer. Ich hörte die Enttäuschung in Papas Stimme. Obwohl sie es nie so formuliert hätten, hatten die Eltern doch gehofft, ich würde guten Einfluss auf Georg haben. Seit Jahren fing Georg immer wieder etwas an und hörte, wenn es ihm langweilig wurde, damit auf; eine Ausbildung, ein Studium, einen Job und, zuletzt, ein Leben bei mir. Ich wusste, dass die Eltern Georg monatlich Geld überwiesen, und ich wartete darauf, dass Papa mich fragen würde, was ich dazu dachte, ob das überhaupt noch Sinn habe. Jetzt fing ich an, mir eine Antwort zu überlegen.

Im Juli rief Sander mich an. Sander war ein alter Freund von Georg. Die beiden kannten sich seit der Grundschule, und wir hatten uns immer gut verstanden. »Wie geht es dir?«, fragte Sander. »Wie geht es Georg?«

»Georg ist zu Tilman gezogen«, sagte ich.

»Ausgerechnet zu Tilman!«, sagte Sander, und ich lachte.

»Du bist zu misstrauisch«, sagte ich, und Sander sagte: »Nein, das glaube ich eigentlich nicht.« Er sagte, er werde in die Stadt kommen, er wolle nicht lange bleiben, nur zwei Tage oder drei. Ich bot ihm an, bei mir zu übernachten, und Sander sagte: »Warum nicht.« Wir lachten, wir wussten beide, dass er genau deswegen angerufen hatte. Dann legten wir auf, und ich ging auf den Flur, um auf dem Sofa das Bett zu machen.

Ich holte die Bettwäsche und zog das Laken über die Polster, und zum ersten Mal, seit er ausgezogen war, dachte ich an Georg. Ich dachte daran, wie ich ihn morgens, wenn ich früh aufgestanden war, auf dem Sofa hatte liegen sehen, schlafend, mit platt gedrücktem Haar. Oft hatte er noch die Sachen vom Vortag angehabt, hatte nur sein Portemonnaie aus der Hosentasche genommen und die Schlüssel, beides hatte dann auf dem Boden neben dem Sofa gelegen.

Ich hatte nie so genau gewusst, wo Georg seine Zeit verbrachte und mit wem. Manchmal war er tagelang weggeblieben; nachdem das ein paar Mal passiert war, hatte ich aufgehört, mir Sorgen zu machen. Georg kam ja doch wieder zurück. Dann saß er, wenn ich heimkam, vor dem Fernseher, oder er las.

Den Eltern hatte ich immer gesagt, dass es uns gut ginge. Wenn sie nachfragten, sagte ich, es gäbe nicht mehr zu erzählen. Sie glaubten mir nicht, das wusste ich; sie gingen davon aus, dass ich ihnen einfach nicht alles erzählte. Ich hatte es dabei belassen. Aber eigentlich war es immer so gewesen, dass Georg, wenn ich ihn etwas fragte, nicht antwortete.

Ich dachte auch daran, dass Georg sich manchmal, selten, wenn er eher heimgekommen war als ich, in mein Bett gelegt hatte, und ich hatte auf dem Sofa geschlafen. Am nächsten Tag dann hatte mein Bettzeug nach Georg gerochen, nur ein wenig, nach Rauch und nach Kinderhaaren. Nach dem Rauch, der entsteht, wenn man Papier anflämmt. Nach den Haaren eines Kindes an einem heißen Sommertag. So ungefähr.

Sander kam an und sah verändert aus und behauptete dasselbe von mir. Wir überlegten, wann wir uns das letzte Mal gesehen hatten; es war zwei Jahre her. Inzwischen hatte Sander zu Ende studiert und war Magister. Erst jetzt erzählte er mir, dass er am nächsten Tag ein Vorstellungsgespräch habe, er sagte mir auch, wo, und ich vergaß es sofort wieder; ich dachte an Georg und daran, dass wir ihn zusammen treffen könnten.

»Vielleicht können wir dann morgen Abend Georg treffen«, sagte ich, und Sander nickte und sagte: »Wie geht es ihm denn nun?«

Ich zuckte mit den Schultern. »Gut, denke ich.«

»Denkst du?«, fragte Sander, und ich nickte.

»Hast du nichts mehr von ihm gehört, seit er ausgezogen ist?«, fragte Sander, und ich sagte: »Nein, aber du kennst ihn ja.«

Am nächsten Tag rief ich von der Arbeit aus bei Georg an. Tilman meldete sich. »Ist Georg da?«, fragte ich.

»Nein«, sagte Tilman.

»Wo ist er denn?«, fragte ich.

»Ich weiß es nicht«, sagte er.

»Und wann kommt er wieder?«

Tilman schwieg kurz, und ich lauschte meinen Fragen nach und dem Klang meiner Stimme; ich dachte an das, was Georg zu mir gesagt hatte, ich dachte: misstrauisch.

»Soll er dich zurückrufen?«, fragte Tilman.

»Ja«, sagte ich schnell, »ja, das wäre nett.«

Als ich am Abend nach Hause kam, wartete Sander schon auf mich. Er war fröhlich, er sagte, sein Vorstellungsgespräch sei gut gelaufen, er sagte: »Vielleicht komm ich auch bald in die Stadt.«

»Dann kannst du ja bei mir einziehen«, sagte ich, und Sander lachte nicht, sondern guckte mich nur an und sagte: »Sicher.«

Es war einen Moment still, ich sagte: »Ich habe Georg angerufen, aber er hat mich nicht zurückgerufen«, und Sander sagte: »Holen wir ihn einfach ab.«

Tilman öffnete uns. »Das Schwesterchen«, sagte er gedehnt. »Und ein Freund von Georg, dessen Namen ich vergessen habe.«

Sander sagte nichts.

»Ist Georg jetzt da?«, fragte ich.

Tilman nickte. »Ja, er ist. Du denkst, ich hätte ihm

nicht gesagt, dass er dich anrufen soll?« Er schüttelte leicht den Kopf. Dann drehte er sich um und rief nach Georg. Durch die geöffnete Wohnungstür konnte man auf den Flur schauen, der sehr lang war. Die Türen zu den Zimmern waren alle geschlossen. Wir warteten.

»Ich schau mal nach ihm«, sagte Tilman und zwinkerte uns zu. Sander und ich schauten uns kurz an. Sander hatte die Augenbrauen hochgezogen. Er schüttelte den Kopf. Ich musste lachen. Tilman öffnete eine der Türen und sagte leise: »Schorsch. Besuch für dich.«

Einen Moment später kam Georg auf den Flur. Er schaute im schnellen Wechsel Sander und mich und wieder Sander an, dann sagte er: »Wie schön.«

»Mensch, Schorsch!«, sagte Sander. »Na, wie gehts denn so?«

Georg grinste. Er kam zu uns und umarmte uns. Sander sagte: »Wir dachten, wir gehen was trinken.«

Georg nickte. »Gerne«, sagte er. Er nahm eine Jacke von der Garderobe und zog sich Schuhe an. »Schön, dich mal wiederzusehen«, sagte er und schaute dabei keinen von uns an, »du warst ja still in der letzten Zeit.«

Tilman lehnte an der Wand, die Hände in den Hosentaschen, und lächelte, während Sander und ich schwiegen.

Wir gingen in die nächste Kneipe und setzten uns an den Tresen. Georg begrüßte den Wirt mit Namen, und er stellte uns drei Biere hin.

»Übrigens hat Papa mich letztens angerufen«, sagte Georg mit einem kleinen Lachen. »Er hat gefragt, ob ich das Elterngeld überhaupt noch bräuchte, oder ob ich inzwischen anderweitig ein gesichertes Einkommen hätte.«

»Und, was hast du gesagt?«, fragte ich.

Georg antwortete nicht. »Das fand ich nett, wie er das gesagt hat«, sagte er nur. »Anderweitig ein gesichertes Einkommen.«

Dann fing er an, sich mit Sander zu unterhalten, und ich hörte schnell auf zuzuhören. Der Tresen war aus dunklem Holz und klebrig vom Bier, und als der Wirt Sander und Georg ihr nächstes hinstellte, hatte ich meins noch nicht zur Hälfte auf.

Georg blieb nicht lange. »Wir telefonieren dann mal«, sagte er zum Abschied zu Sander, und zu mir: »Und wir?«

»Gehts dir gut bei Tilman«, sagte ich.

Georg schaute mich erstaunt an. »Ja«, sagte er. »Ja, klar.« Dann lächelte er und sagte: »Du bist ja eifersüchtig!«, und ich wollte etwas antworten, irgendetwas anderes, aber da hatte ich schon mit den Schultern gezuckt und gesagt: »Wahrscheinlich hast du recht.«

Sander und ich liefen schweigend nebeneinander her nach Hause. Erst kurz bevor wir ankamen, sagte Sander etwas. »Du bist ja blöd«, sagte er, »dass du ihn einfach so gehen lässt. Denkst du, wenn ich ihn einfach so hätte gehen lassen, dass ich dann heute noch Kontakt zu ihm hätte?«

»Ja, ein Riesenkontakt ist das«, sagte ich.

»Aber du willst doch mit ihm befreundet sein«, sagte er.

»Er ist mein Bruder«, sagte ich.

»Natürlich.« Sander klang müde. In meiner Wohnung setzte er sich aufs Sofa, und ich ging in mein Zimmer und schloss die Tür hinter mir. Ich legte mich aufs Bett und wartete darauf, dass Sander anklopfen würde. Ich wusste, wie es klingen würde, zaghaft, so, dass ich es auch sehr gut würde überhören können.

Und dann, als Sander tatsächlich klopfte und als es genauso klang, wie ich es mir vorgestellt hatte, war ich erstaunt, dass ich nicht Herein sagte oder Ja, sondern dass ich einfach stumm liegen blieb, ganz so, als hätte ich das Klopfen nicht gehört.

Ein paar Tage später ging ich zu Georg. Ich hatte vorher nicht angerufen, und wieder war es Tilman, der mir öffnete. »Du kannst hier auf ihn warten«, sagte er, und ich blieb stehen, während Tilman zurück in die Wohnung ging. Mitten auf dem Flur drehte er sich zu mir um. »Du willst doch zu Georg?«, fragte er. Ich nickte.

Wir gingen in die Küche und setzten uns, Tilman bot mir eine Zigarette an. Wir rauchten schweigend. Tilmans Haare waren so schwarz wie immer, aber irgendetwas, dachte ich, war anders an ihm; irgendetwas hatte sich geändert oder fehlte. Tilman schien es nicht zu stören, dass ich ihn anstarrte. Vor ihm auf dem Tisch lag eine aufgeschlagene Zeitung, aber es sah nicht so aus, als würde Tilman lesen.

Er schaute auf. »Und«, fragte er, »wie gehts?«

»Gut«, sagte ich, »ganz gut«, und dann, als ich die Asche von meiner Zigarette abstreifen wollte, streifte ich die gesamte Glut ab, ich merkte, dass ich nervös war und wusste nicht, warum. Tilman lächelte.

»Mir geht es auch ganz gut«, sagte er. »Nein, sehr gut sogar.«

»Schön«, sagte ich. Ich schaute ihn an. Ich dachte daran, wie er vor meiner Haustür auf Georg gewartet hatte, und daran, wie er im Flur gestanden und über Sander und mich gelächelt hatte. Ich ließ die Zigarette in den Aschenbecher fallen, legte meine Hände auf meine Knie und setzte mich gerade hin. Ich sagte: »Irgendwann.« Ich sagte: »Irgendwann wird Georg alles langweilig. Irgendwann verschwindet er von hier, und dann sitzt du da.«

Tilman hörte nicht auf zu lächeln. »Ich weiß«, sagte er, »aber solange Georg da ist, ist es doch sehr schön, nicht?«

Es klang, als wolle er noch etwas sagen, und ich wartete. Und als ich verstand, dass Tilman nichts mehr sagen würde, war es viel zu spät zu reagieren, Ja zu sagen oder Nein, oder auch nur mit den Schultern zu zucken.

Boris

Boris hatte immer etwas Prolliges an sich. Er hatte einen breitbeinigen Gang, ein vorgeschobenes Kinn, und wenn er etwas sagte, war er kurz angebunden und ruppig. Er schien jederzeit alles im Blick zu haben. Er gab mir Feuer mit einer selbstverständlich wirkenden Geste, die typisch war für ihn, so ganz nebenbei, und wenn man Boris sah, an eine Theke gelehnt, grinsend, mit einem Bier in der Hand, traute man ihm eigentlich wenig zu.

In meinem Freundeskreis galt er als ein wenig stumpf. Er gehörte nicht richtig dazu. Oliver hatte ihn einmal mitgebracht, aber Oliver brachte andauernd jemanden mit, weil er alle Leute, die er kennenlernte, gleich nett fand und sie in sein Leben einbinden wollte. Diese Leute verbrachten dann einen Abend mit uns, versuchten, nachdem Oliver das Interesse an ihnen verloren hatte, sich mit einem von uns zu unterhalten, und wir waren freundlich und abweisend und sahen sie nie wieder.

Ich weiß nicht, woher Oliver Boris kannte, nur, dass er ihn zu einem unserer Essen mitbrachte, wir gingen zu einem Thailänder an diesem Abend. Es war Julias Idee gewesen, dass wir uns alle zwei Wochen in einem anderen

Lokal treffen sollten, wenn möglich in einem neu eröffneten. Julia suchte die Lokale aus, sie schickte Rundmails mit den Adressen und Terminen und hörte nie auf zu betonen, wie wichtig es ihr und bestimmt auch uns sei, dass wir uns regelmäßig sähen. Wie eine Moderatorin stellte sie uns bei den Treffen Fragen zu Privatleben und Beruf, die zumindest ich nur widerwillig beantwortete.

Es war immer besser, wenn Oliver jemanden mitbrachte. Wir erzählten uns dann mehr, lachten und erinnerten uns an Geschichten von früher. All das war leicht, wenn es darum ging, jemanden auszuschließen. Aber bei Boris funktionierte es nicht. Er saß bei uns, als wäre das ganz normal; selbstsicher, nicht überheblich. Die Gespräche stockten, Julia stellte keine einzige Frage. Alle schienen zu spüren, dass Boris sich nicht so leicht beeindrucken ließ, und das unterschied ihn von allen anderen, die Oliver bisher mitgebracht hatte und denen man die Sehnsucht, einem Freundeskreis wie unserem anzugehören, immer hatte ansehen können. Einem Freundeskreis wie unserem: Es bedeutete ja nicht mehr, als dass wir uns alle seit der Oberstufe kannten, die Stadt nach dem Abitur nicht verlassen hatten und irgendwie in Kontakt miteinander geblieben waren.

Mir schien es vorhersehbar, wie der Abend enden würde. Sofort nach dem Essen würde sich die Runde auflösen, beim nächsten Mal würde Boris nicht mehr dabei sein und auch nie wieder erwähnt werden. Die anderen würden sich einfach kaum noch an diesen Abend erinnern können, sie würden sagen, ja, beim Thailänder, als läge das sehr weit zurück, und ihnen würde noch einfallen, dass irgendwie alle sehr müde waren und das Essen auch nicht besonders gut. Boris schaute mich an. Er grinste, spöttisch, und nickte, wie zustimmend zu meinen Gedanken. »Schmeckt es?«, fragte ich, und Boris sagte: »Habs bald auf.«

Boris kam dann doch zum nächsten Treffen, zum übernächsten, er war von da an fast immer dabei. Ich wusste, dass Oliver Boris Bescheid sagte, wenn wir uns trafen. Er hatte mir angesehen, dass Boris mich interessierte, und auch für die anderen schienen Boris und ich zusammenzugehören. Dabei beschränkten sich unsere Gespräche auf wenige, knappe Sätze. Boris saß nur immer neben mir, er gab mir Feuer, rückte mir Stühle zurecht, hielt mir Türen auf und fuhr mich nachts nach Hause, obwohl es ein Umweg für ihn war. »Ich fahre dich gerne«, sagte er einmal, als würde er damit einer langen Diskussion ein Ende setzen, und ich hatte nichts dagegen.

Boris änderte seine Haltung vom ersten Abend nicht. Auf eine selbstgenügsame Art wirkte er uninteressiert an uns, aber egal, was wir machten, ob wir auf die Bowlingbahn gingen, zum Grillen in den Park, auf eine Party oder wieder mal zum Essen in ein neu eröffnetes Lokal – er war dabei. Es war leicht, ihn zu übersehen, und so gewöhnten sich alle an ihn.

»Tanja hat Oliver betrogen«, sagte Boris zu mir, wir standen an der Theke einer Karaokebar, um Bier zu holen für uns und die anderen, und ich kam nicht einmal auf den Gedanken, daran zu zweifeln, dass er recht hatte. »Woher weißt du das?«, fragte ich.

Er zuckte mit den Schultern. »Ich finde, man kanns sehen«, sagte er, dann reichte er mir die Biergläser, und wir gingen zurück zu unseren Plätzen.

Tanja und Oliver saßen nebeneinander, wie immer hatte Oliver den Arm um Tanja gelegt. Tanja hatte mir einmal erzählt, dass sie das eigentlich nicht mochte: »Dieses Besitzergreifende«, hatte sie gesagt. Sie sprach gern schlecht über Oliver und machte sich offen lustig über ihn, immer so, als wolle sie beweisen, wie wenig ihr eigentlich an ihm lag. Oliver ertrug es. Und wenn es stimmte, was Boris gesagt hatte, würde es nicht lange dauern, bis Tanja mir davon erzählen würde.

Ich schaute Boris an, aber er hatte sich der Bühne zugewandt. Julia stand vorne, sie sang ›My heart will go on‹. *Titanic* war Julias Lieblingsfilm, das wussten alle. Sie schaute ihn immer wieder an, und dann weinte sie, und dann erzählte sie uns davon, als wäre es ein Spaß. Sie sang mit geschlossenen Augen, einer Hand auf der Brust und übertriebenem Vibrato.

Julia konnte eigentlich gut singen, sie hätte, dachte ich, sogar dieses Lied sehr schön singen können. Aber sie schien solche Angst zu haben, sich lächerlich zu machen, dass sie sich lieber freiwillig, wie vorauseilend, lächerlich machte. »Ja«, sagte Boris, und es war, als hätte ich laut gesprochen, und er würde mir nur antworten: »Ja, Julia hat Angst, das behindert sie.« Er schaute mich an und stellte sein Bierglas ab: »Klar«, sagte er, »ich fahr dich sofort heim.«

»Ich will wissen, woher du –«, sagte ich, als wir im Auto saßen, aber Boris unterbrach mich: »Gleich.« Wenn er hinter dem Steuer saß, konzentrierte Boris sich nur aufs Fahren; er sprach nicht, hörte keine Musik. Er fuhr oft schneller, als erlaubt war, und bei jedem anderen hätte mich das nervös gemacht. Aber Boris fuhr sehr sicher. Er schaltete die Gänge früh nach oben und schien immer zu ahnen, wann eine Ampel rot werden würde, er musste nie abrupt bremsen. Er parkte vor dem Haus, in dem ich wohnte, dann begann er zu sprechen.

»Tanja betrügt Oliver«, sagte er, »und Oliver weiß das, tut aber so, als bekäme er nichts mit. Julia hat Angst vor allem Möglichen, Martin und Lutz müssen immer miteinander konkurrieren, Verena ist die Schönste, aber alle anderen schlecht machen muss sie trotzdem. Moritz ist in dich verliebt«, sagte er, »zumindest meint er das, aber eigentlich will er nur endlich mal mit dir ins Bett. Wie lang geht das schon so, zwei Jahre?«

Ich antwortete nicht. Zwei Jahre, so lang kam es mir nicht vor, aber wahrscheinlich hatte Boris recht.

»Ihr merkt gar nicht, dass ich euch beobachte«, sagte er.

»Nein«, sagte ich. Wir schwiegen.

»Das wars«, sagte er schließlich. Ich schnallte mich ab und öffnete die Tür. »Was Moritz angeht«, fügte Boris noch hinzu, »ich finds ganz gut, dass du ihn nicht lässt.« Er grinste. »Ich meine, so wie der sich beim Billard angestellt hat, so wie der tanzt, da solltest du nicht zu viel erwarten.«

Kurz darauf erzählte Tanja mir, dass sie sich neben Oliver mit jemand anderem traf, sie schien fast beleidigt, dass ich nicht überrascht war. Boris begann, mir immer mal wieder eine seiner Beobachtungen mitzuteilen, meistens wie nebenbei, wenn wir kurz alleine waren oder im Auto. Ich hörte mir alles an, auch, dass Verena als Kind kleine Tiere gequält und Jan bestimmt gerne einen sehr viel älteren Mann als Liebhaber hätte.

»Du spinnst«, sagte ich manchmal. Aber meistens stimmten Boris' Beobachtungen mit meinen überein, und ich merkte, wie sie dadurch, dass er sie aussprach, eine andere Gewichtung bekamen. Wenn ich Verena sah, dachte ich zunächst daran, dass sie immer zu denen am freundlichsten war, die sie am wenigsten mochte, wenn ich Martin sah, wartete ich nur darauf, dass er anfing, von seinem neuesten Erfolg im Unternehmen zu sprechen, und jeder Flirtversuch von Moritz kam mir plump vor.

Ich merkte auch, wie meine Freunde mich anders anschauten, so, wie sie ganz am Anfang Boris angeschaut hatten, mit einem leisen Misstrauen. Verabredungen gingen an mir vorbei, ich erfuhr erst im Nachhinein davon. Ich wusste, dass ich nur einmal irgendjemanden hätte anrufen müssen und fragen, ob man sich treffen könne; ich wäre sofort wieder dabei gewesen. Aber ich wollte nicht.

Immer, wenn ich über Boris und mich und den Freundeskreis nachdachte, wurde ich auf eine Art wütend, die mich hilflos machte. Ich konnte meine Wut nicht gegen Boris wenden, weil er mit allem, was er sagte, nur recht hatte. Und meine Freunde konnten nichts dafür.

Wir waren nachts unterwegs, Boris und ich mit Lutz und Mariska, wir hatten mit den anderen etwas getrunken und waren auf dem Weg zu Boris' Auto. Lutz und Mariska gingen Hand in Hand vor uns her, Mariska auf Stöckelschuhen, in einem sehr kurzen Rock. Wir kamen an einer Kneipe vorbei, vor der ein paar Typen standen, die, als Mariska auf ihrer Höhe war, etwas Abfälliges sagten. Mariska ging langsamer, Lutz ging weiter, und als einer der Typen Mariskas Arm packte und sie zu sich zog, ließ Lutz ihre Hand einfach los. Mariska stolperte, sie fiel fast, und der Typ fing sie auf. Er hielt sie fest und sagte: »Also so was.« Lutz blieb stehen, mit hängenden Armen, er sah genervt aus, nichts weiter.

Und dann war es Boris, der Mariska wieder von dem

Typen wegzog und ihn so heftig schlug, mitten ins Gesicht, dass er zu Boden ging. Jemand sagte: »Hey«, vielleicht war das sogar Lutz, es klang arglos erstaunt, ein wenig vorwurfsvoll. Boris stand so da, als würde er darauf warten, dass einer von den anderen auf ihn losgehen würde. Aber sie beugten sich nur über ihren Freund, der sich die Hand vor Mund und Nase hielt, sich aufrichtete und Boris einen ängstlichen Blick zuwarf. Boris wandte sich ab, und wir gingen alle weiter.

Im Auto saß Mariska auf dem Beifahrersitz und weinte, und Lutz saß neben mir auf der Rückbank und starrte aus dem Fenster. Boris fuhr uns wie ein Wahnsinniger durch die Nacht, er fuhr über rote Ampeln, ließ die Bremsen quietschen, und ich klammerte mich am Türgriff fest, als würde mir das im Ernstfall irgendwie helfen.

Boris fuhr zuerst zu Lutz, und ohne ein Wort, ohne Mariska auch nur noch einmal anzuschauen, stieg Lutz aus und knallte die Tür zu. Dann fuhr Boris zu mir. Er hielt mit laufendem Motor vor meinem Haus, und so wie Lutz stieg auch ich aus. Auf dem Weg zur Haustür hörte ich, wie Boris davonfuhr.

Ich hätte gerne etwas kaputt gemacht in diesem Moment, aber in meiner Küche, die Tassen und Teller betrachtend, abwägend, was davon ich an die Wand werfen könnte, kam ich mir so lächerlich vor, dass ich es bleiben ließ.

Nach diesem Abend hielt Lutz sich für eine Weile vom Freundeskreis fern. Mariska kam noch manchmal, und alle lästerten darüber, wie sie Boris anschaute. Es schien nicht viel zu fehlen, dass sie zu ihm ging und sich ihm an den Hals warf oder vor die Füße, aber Boris beachtete Mariska nicht. Auf eine Art zog auch er sich zurück. Er hörte auf, mir von seinen Beobachtungen zu erzählen und verabschiedete sich früh, selten fragte er mich noch, ob er mich nach Hause fahren solle.

Wieder fühlte ich mich hilflos. Mir ging der Vorfall mit Lutz und Mariska nicht aus dem Kopf. Ich spielte die paar Szenen immer wieder durch, wie besessen von dem Gedanken, dass sie eine Bedeutung hatten, die mir bisher entgangen war; als hätte Boris an diesem Abend alles, was er getan hatte, eigentlich nur für mich getan.

Schließlich verabschiedete Boris sich von mir, endgültig und auf seine Weise. Wir saßen in seinem Auto vor meinem Haus, er hatte den Motor abgestellt, und ich wartete einen Moment, ob noch etwas passieren würde, bevor ich ausstieg. Und Boris sagte: »Ich weiß, dass du gerne mit mir ins Bett willst, aber ich glaube nicht, dass wir auf der Ebene zueinanderpassen.« Er schaute mich an, mit diesem Blick, der jederzeit alles wahrzunehmen schien. »Nicht weinen, ja?«, sagte er.

»Fick dich«, sagte ich. Mir fiel nichts nichts anderes ein, nichts Besseres. Boris schüttelte nur den Kopf, müde, als hätte er versucht, mir etwas sehr Wichtiges zu erklären, und ich hätte es nicht begriffen, hoffnungslos. Und mit einer plötzlichen, sehr schnellen Bewegung griff er in meine Haare und zog meinen Kopf zurück. Mit der anderen Hand griff er mir zwischen die Beine, und ich unterdrückte etwas, das ich sagen wollte oder schreien. So saßen wir da, erstarrt, eine Sekunde, zwei. Dann ließ Boris mich los.

»Und das ist es, was ich an dir beobachtet habe«, sagte er. »Dass du dich eben gerade nicht sofort gewehrt hast, das sagt so circa alles über dich aus.«

Er blieb still sitzen, während ich ausstieg. Ich schloss die Tür ganz leise und ging wie auf Zehenspitzen zum Haus und hoch zu meiner Wohnung. Ich machte dort kein Licht und bewegte mich fast lautlos, als wollte ich vor irgendwem verbergen, dass ich zurück war.

Danach kam Boris nicht mehr zu unseren Treffen, und meine Freunde verloren kein Wort über ihn, jedenfalls nicht, wenn ich dabei war. Mariska ging, Lutz kam wieder, Julia organisierte die nächsten Treffen, Tanja trennte sich von Oliver. Oliver verzichtete für eine Weile darauf, jemanden in den Freundeskreis mitzubringen, und als hätten wir zu einer alten Form zurückgefunden, verbrachten wir ein paar Abende miteinander, die lustiger waren als alle, an die ich mich erinnern konnte.

Irgendwo draußen

Libbets' Sachen wogen schwer in den Kartons, in ihrem Zimmer stellten wir sie in einer Reihe an die Wand. Ich hatte Sekt gekauft, um mit Libbets auf ihren Einzug anzustoßen, aber als ich die Flasche öffnete, kam ich mir mit diesem Vorhaben plötzlich so spießig vor, dass es mir ganz peinlich war.

Libbets nippte nur an ihrem Glas. Sie saß auf der vordersten Kante des Sofas und schaute sich im Wohnzimmer um, als sähe sie alles zum ersten Mal. »Hast du Kabel?«, fragte sie und deutete auf den Fernseher.

Ich nickte. »Aber wenn der GEZ-Mann kommt, habe ich natürlich gar nichts«, sagte ich.

»Schon klar«, sagte sie und lächelte wie über einen müden Witz. Ich hatte das Gefühl, dass sie nur aus Höflichkeit bei mir saß, obwohl sie das von etwas viel Wichtigerem abhielt.

Es war nicht so, dass ich Libbets angeboten hätte, zu mir zu ziehen. Sie hatte mich nur einmal besucht und das winzige Zimmer gesehen, in dem ich eigentlich meine Gäste oder mein Gerümpel hatte unterbringen wollen. Aber von beidem gab es nicht genug, und so stand das Zimmer leer. »Da könnte ich doch wohnen«, hatte Libbets gesagt, »oder?«

»Schon«, hatte ich gesagt. Die Wohnung war groß genug für zwei, und vielleicht, hatte ich gedacht, würde es mir ja tatsächlich gut tun, jemanden um mich zu haben.

Später, ich hatte den angebrochenen Sekt zurück in den Kühlschrank gestellt und lag in meinem Schlafzimmer auf dem Bett, hörte ich Libbets weggehen. Sie verabschiedete sich nicht, und statt die Wohnungstür zufallen zu lassen, steckte sie den Schlüssel ins Schloss und zog sie fast lautlos zu. Sie kam erst in der Nacht wieder; ich wachte von ihrem Lachen auf, dann sagte sie etwas. Ich hörte auch eine andere, tiefere Stimme, und dass beide sich Mühe gaben, leise zu sprechen.

Am nächsten Morgen saß Libbets allein am Küchentisch. »Und, hast du dich schon ein bisschen eingelebt?«, fragte ich. Sie lächelte still. Meine kleine silberfarbene Kaffeekanne stand auf der Herdplatte, und ich verbrannte mir die Finger, als ich sie ausspülen wollte.

Ich war auf dem Weg nach Hause gewesen, als Libbets mich ansprach; ihr »Entschuldigung« klang so zart, dass ich stehen blieb. Sie fragte mich nach einer Straße, die zwei Ecken weiter war, aber als ich ihr es sagte, schaute sie mich an, als würde sie kein Wort verstehen. Ich wiederholte die Erklärung langsamer, Libbets schüttelte nur den Kopf.

»Es ist ganz einfach«, sagte ich, und dann, als hätte ich begriffen, was sie von mir wollte: »Okay, ich bring dich hin.« Nach ein paar Schritten griff Libbets nach meiner Hand, als würde ich zu schnell gehen, als würde sie mich sonst verlieren. Sie kam mir vor wie ein Kind. Ich war es nicht gewohnt, jemanden an der Hand zu halten, und ich fragte mich, ob ich zu fest drückte. Es war das Einzige, woran ich dachte, während wir die Straße überquerten.

Libbets nannte mir auch eine Hausnummer, vor der Tür holte sie einen Schlüssel aus ihrer Tasche. Sie steckte ihn ins Schloss, wie zur Probe. »Hier wohne ich«, sagte sie dann, als hätte sie das eben erst entschieden. »Kommst du noch mit hoch? Bitte.«

Es klang, als würde sie sich fürchten, allein in ihre Wohnung zu gehen, und ich nickte. Auf dem Weg nach oben fragte ich mich, was mich hinter ihrer Tür erwarten würde. Mir fiel nichts ein, wovor ich hätte Angst haben können, und trotzdem war mir beklommen zumute.

Neben der Klingel an der Wohnungstür sah ich dann eine Postkarte hängen, auf der fünf kleine gelbe Quietscheenten abgebildet waren. Neben jedem stand ein Vorname, und hinter der Tür sah es aus wie in den gefühlten hundert anderen WGs, in denen ich bereits zu Besuch gewesen war; die lange Reihe von Schuhpaaren auf dem Boden, die Filmposter an den Wänden. »Hier wohnst du?«, fragte ich Libbets.

»Ja«, sagte sie und schüttelte den Kopf.

»Natürlich kenne ich den Weg zu dieser Wohnung«, sagte sie später. Wir saßen in der Küche, Libbets hatte mir einen Melissentee angeboten, »zur Beruhigung«, hatte sie gesagt. Es schien, als sei sie es überdrüssig, sich erklären zu müssen. »Ich war mir nur eben nicht mehr ganz sicher. So ist das manchmal. Danke, dass du mir geholfen hast.«

»Ist doch klar«, sagte ich.

Libbets erzählte mir damals schon, dass sie nicht mehr lange in der WG bleiben würde. »Ich suche mir immer nur was für zwischendrin«, sagte sie.

»Dann bist du also eine von diesen Großstadtnomadinnen«, sagte ich. Es sollte ein Scherz sein, aber Libbets nahm es ernst auf.

»Bin ich?«, fragte sie. »Ja, das kann sein.«

Bevor ich ging, tauschten wir unsere Handynummern aus. »Du kannst mich ja anrufen, wenn du mal wieder nicht nach Hause findest«, sagte ich.

»Das ist nicht so lustig, wie du denkst«, sagte sie.

»Nein«, sagte ich, »ich habs auch ehrlich gemeint.«

»Gut«, sagte sie. »Ich komm darauf zurück.«

Die Kartons blieben in Libbets' Zimmer an der Wand stehen. Sie kramte sich nur das heraus, was sie gerade brauchte, und ließ die Sachen dann auf dem Boden liegen, so, wie sie in der Küche ihr benutztes Geschirr einfach stehen ließ. Ich spülte ab; irgendwann, dachte ich, müsste man vielleicht Putzpläne erstellen und solche für den Einkauf und den Müll.

Ich fragte mich, ob Libbets sich wohlfühlte in meiner Wohnung. Ich bekam wenig von ihr mit. Sie kam und ging, ohne etwas zu sagen, und blieb, wenn sie zu Hause war, die meiste Zeit in ihrem Zimmer. Ich hatte vermutet, sie öfter mal vor dem Fernseher anzutreffen, aber sie war nie im Wohnzimmer. Ein paarmal hatte ich sie gefragt, ob sie einen Film mit anschauen oder noch ein Glas Wein trinken wolle. Sie hatte immer abgelehnt, freundlich lächelnd.

Auch ich verbrachte viel Zeit in meinem Zimmer, das früher nur mein Schlafzimmer gewesen war. Wenn wir uns doch einmal begegneten, grüßten Libbets und ich uns, als wären wir unten auf der Straße. Dann unterhielten wir uns zwar, aber es gelang mir nicht, einen Zusammenhang zwischen unseren Gesprächen herzustellen.

Wenn Libbets mir an einem Tag sagte, sie wolle noch ins Kino, und ich sie ein paar Tage später fragte, wie ihr der Film gefallen habe, schien sie das zu verunsichern. Ich wusste nicht, ob das so war, weil sie sich nicht mehr daran erinnern konnte, mir von ihren Kinoplänen erzählt zu haben, oder an den Film selbst. »War ganz nett«, sagte sie, und ich fühlte mich, als hätte ich ihr eine Frage nach etwas gestellt, das mich nichts anging.

Alles, was ich ihr erzählte, schien sie sofort zu vergessen, und wir gingen schnell wieder auseinander, ganz so, als würde jede ihren eigenen Weg verfolgen, obwohl die Wege doch, zumindest in der Wohnung, dieselben waren.

Libbets hatte mich schon kurz nachdem wir uns begegnet waren das erste Mal angerufen. Mein Handy klingelte mitten in der Nacht, die Verbindung war schlecht, es rauschte. »Hallo?«, fragte ich ein paarmal, »Libbets, hallo? Wo bist du?«

»Ich weiß nicht«, sagte sie. »Hallo?«, fragte sie dann zurück. »Wer ist da?«

»Libbets, wo bist du?«, fragte ich. »Von wo rufst du mich an?«

Ich hörte, dass sie antwortete, aber die Wörter kamen nur noch in abgehackten Silbenfetzen bei mir an. Dann brach die Verbindung ab. Als ich zurückrief, sprang die Mailbox an. Ich bat Libbets, mich zurückzurufen, und starrte noch lange auf das Display.

Ich war aufgeschreckt vom Handyklingeln, das mich geweckt hatte, aber mehr noch von der Vorstellung, dass Libbets irgendwo umherirrte, ohne zu wissen, wo sie war. Alleine da draußen, dachte ich. »Aber sind wir nicht irgendwie alle alleine da draußen?«, fragte ich laut, und der Klang meiner Stimme und des Satzes war so hohl, dass ich schnell Licht anmachte und Musik auch.

Am nächsten Tag ging ich Libbets besuchen, um zu sehen, ob alles in Ordnung mit ihr war. Einer ihrer Mitbewohner öffnete mir, er sah verschlafen aus. »Ich weiß nicht, ob sie da ist«, sagte er und klopfte an eine der Türen. Libbets lag noch im Bett.

»Du hast mich gestern Nacht angerufen«, sagte ich.

»Habe ich das?«, fragte sie. »Oje, ja, kann sein. Ich hatte wohl mal wieder einen meiner Aussetzer.«

»Das heißt?«, fragte ich.

»Das heißt«, sagte sie, dann runzelte sie die Stirn und schaute mich unwillig an. »Du weißt doch, was das heißt«, sagte sie, »du hast das doch schon mal miterlebt.«

»Okay«, sagte ich. Wie sie so in ihrem Bett lag, das Gesicht klein auf dem Kissen, die Arme über der Bettdecke verschränkt, kam sie mir vor wie eine Patientin, die geschont werden musste. »Ich habe mir nur ein bisschen Sorgen gemacht«, sagte ich, »ich hab dir auch auf die Mailbox gesprochen, aber das kannst du jetzt vergessen.«

»Danke«, sagte sie. »Du bist nett«, sagte sie, als sei das eine ganz neue Erkenntnis. »Es tut mir leid, wenn ich dich beunruhigt habe.«

»Schon gut«, sagte ich, »schlaf noch ein bisschen.«

Danach hatte Libbets mich nur noch tagsüber angerufen. Sie fragte mich immer, wie es mir ging, und sagte dann, bei ihr sei auch alles in Ordnung. Eine Zeit lang war ich mir nicht sicher, ob sie das nur tat, weil sie sich mir gegenüber verpflichtet fühlte oder irgendwie schuldig. Aber spätestens als Libbets sagte, dass sie doch zu mir ziehen könnte, hatte ich den Gedanken aufgegeben.

Wir hatten zwei Monate zusammen gewohnt, als Libbets vorschlug, eine Party zu veranstalten: »Eine Einzugsparty«, sagte sie, »meine Einzugsparty.«

»Können wir machen«, sagte ich.

»Echt?«, fragte Libbets. Sie schien überrascht zu sein.

Auch ich war überrascht, nicht nur weil Libbets ihren Einzug für einen Grund zum Feiern hielt, sondern auch weil Einzugsparty nach etwas klang, das eine längere Zeit des Wohnens nach sich ziehen würde. Ich war mir nicht sicher, wie lange Libbets überhaupt bei mir bleiben wollte. Wir hatten nicht darüber gesprochen.

»Es wird nur eine kleine Feier«, sagte sie am Telefon, sie lief im Flur auf und ab. »Bring ruhig noch jemanden mit«, sagte sie immer wieder.

Am Partyabend war sie schon betrunken, bevor es überhaupt losging. Sie hatte eingekauft, Rotwein und Gin und Tonic, die Bierkästen standen gestapelt auf dem Balkon, und Libbets drehte sich vor dem Spiegel im Flur um sich selbst. Später umarmte sie jeden Einzelnen ihrer Gäste. Die meisten schienen sich untereinander zu kennen, und wenn nicht, taten sie zumindest so.

Ich blieb in der Küche und unterhielt mich für eine Weile mit einem Schweizer, der in einem Verlag arbeitete. Er erzählte mir, dass ihm dort ein Generalabonnement zur Verfügung gestellt wurde, mit dem er in der gesamten Schweiz kostenlos Zug fahren könne. Es klang, als hätte er die Stelle allein deswegen angetreten.

»Du reist also viel herum«, sagte ich.

»Eigentlich nicht«, sagte er. Er bemühte sich, Hochdeutsch zu sprechen, aber ich verstand ihn immer schlechter, je später es wurde.

Libbets lief wieder und wieder an mir vorbei, und ich behielt sie im Auge. Sie sah aus, als sei sie auf der Suche nach etwas, ihre Schritte waren unsicher. Sie hatte die Arme leicht vom Körper weggestreckt, wie um die Balance zu halten, und blieb irgendwann an der Tür zum Balkon stehen. Sie schaute zu mir herüber, oder wohl eher nur in meine Richtung, denn auch als ich ihr zulächelte, war es, als würde sie mich gar nicht erkennen.

Von meinem Schlafzimmer aus hörte ich die Party weitergehen. Ich lag auf dem Bett und dachte daran, wie ich mich als Kind gefühlt hatte, wenn meine Eltern Gäste hatten und die Stimmen, das Lachen und die Musik bis in mein Zimmer unter dem Dach drangen.

Allein die Tatsache, dass da noch andere Menschen waren, hatte mich immer beruhigt. Inzwischen konnte ich mir aufzählen, dass ich in dem Haus, in dem ich wohnte, nicht alleine war und in der gesamten Straße noch viel mehr Menschen lebten, in der Stadt, dem Land, auf der Welt. In dieser Kette, ich hatte es eingeübt, konnte ich mich von mir selbst entfernen, bis ich mich in der Unüberschaubarkeit all der anderen Leben aufgehoben fühlte.

Erst am nächsten Morgen sah ich, dass der Akku meines Handys leer war, und, als ich ihn auflud, dass Libbets mich angerufen hatte, dreimal: gegen sechs, halb sieben und sieben. Aber sie hatte keine Nachricht hinterlassen. Ich rief sie zurück und ließ es lange klingeln.

Die Wohnung sah nicht so schlimm aus, wie ich befürchtet hatte; es war kein Wein verschüttet worden, und sogar die Zigarettenkippen waren alle in Aschenbechern oder Flaschen gelandet. Ich war längst fertig mit dem Aufräumen, als Libbets am Nachmittag zurückkam. Sie erzählte, sie sei mit ihren Gästen noch ausgegangen, spät in der Nacht.

»Wo wart ihr?«, fragte ich.

»Ich weiß nicht«, sagte sie, »irgendwo draußen.« Sie starrte vor sich hin. »Ich hab noch versucht, dich anzurufen.«

»Ja«, sagte ich und wollte ihr erklären, warum sie mich nicht erreicht hatte, aber sie sprach schon weiter: »Ich wusste mal wieder nicht, wo ich war.«

»Du hast hier schon so ausgesehen, als wüsstest du nicht, wo du bist«, sagte ich.

»Stimmt«, sagte sie. »Als wir losgegangen sind, war mir auch nicht mehr klar, dass das hier mein Zuhause ist. Mein Zuhause«, wiederholte sie, als wolle sie den Klang des Ausdrucks überprüfen, als wäre sie sich nicht sicher, ob er überhaupt stimmte.

»Ich glaube, ich muss mir was Neues suchen«, sagte sie ein paar Tage später. Sie hatte an meine Tür geklopft, blieb aber auf dem Flur stehen. »Es tut mir leid, jetzt so nach der Party, aber gerade da habe ich gemerkt, dass ich«, sagte sie, »ich weiß auch nicht.«

»Und wo willst du hin?«, fragte ich.

»Wahrscheinlich erst mal zu einem Freund und dann, mal gucken.« Sie lächelte. »Du freust dich vielleicht auch, wenn du die Wohnung wieder für dich alleine hast, oder?«

Ich zuckte mit den Schultern, nicht nur aus Verlegenheit. »Da bin ich mir gar nicht mal so sicher«, sagte ich.

Libbets schloss die Tür leise. Später klopfte ich bei ihr an. Ich wollte sie fragen, ob sie noch ein Glas Wein mit mir trinken wolle; ein letzter Versuch, dachte ich. Libbets hockte auf dem Boden neben ihren Kartons, als warte sie darauf, eingepackt und weggetragen zu werden. Jetzt tat es mir leid, dass der Vorschlag, zu mir zu ziehen, nicht von mir gekommen war, obwohl ich daran schon gedacht hatte, als ich den Melissentee mit Libbets getrunken hatte.

Eine andere Tatsache, die mich immer beruhigt hatte, war, dass es mein Zimmer unter dem Dach im Haus meiner Eltern immer noch gab und ich jederzeit dorthin zurückkehren konnte. Ich nahm nicht viel mit und ließ die Wohnung, wie sie war; alles sollte so aussehen, als wäre ich nur kurz weggegangen.

»Ich ruf dich an«, hatte Libbets zum Abschied gesagt, und ich: »Ja, oder ich dich.« »Ja, oder so«, hatte sie gesagt und gelacht, und ich hatte gehört, wie meine ernsthaften Absichten in dem Sprachspiel verloren gegangen waren.

Im Zug setzte ich mich ans Fenster, auf die linke Seite. In der Nähe des Bahnhofs, gleich an der Strecke, stand ein Haus, über das ich mich einmal mit Libbets unterhalten hatte, und es kam mir typisch vor für die Zusammenhanglosigkeit unserer Gespräche, dass ich nicht einmal mehr wusste, wie wir darauf gekommen waren.

Alle Züge fuhren an diesem Haus vorbei, die Fenster gingen zu den Gleisen. Sie waren rot erleuchtet und durchnummeriert, die Zahlen klebten rechts oben im Eck, und hinter manchen der Fenster standen Frauen und schauten hinaus. Ich erinnerte mich, dass Libbets gesagt hatte, sie wolle eine dieser Frauen sein. »Aber nicht so, wie du denkst«, hatte sie gesagt. »Ich würde nur gerne mal dastehen, auf der anderen Seite, und die Züge vorbeifahren sehen.«

Ich stellte mir vor, wie das wäre, stellte mir mein Gesicht vor und das der anderen Fahrgäste, klein und bleich hinter den Scheiben. Der Zug hatte schon Tempo aufgenommen, und er wäre wohl viel zu schnell vorbei, als dass man sich eins der Gesichter würde merken können.

Katastrophal

Du weißt nicht, wie das ist«, sagte Margot, und Lukas stand auf und ging vom Balkon in die Küche. Er kam nicht wieder zurück. Ich fand ihn, nachdem Margot gegangen war, auf dem Bett liegend, immer noch angezogen. »Ist sie weg?«, fragte er. Ich nickte und ließ mich von ihm umarmen. Er hielt mich fester, als es mir angenehm war, und ich atmete flach, bis der Druck nachließ.

Im Schlaf war Lukas bewegungslos und schwer, und in anderen Nächten mochte ich es, ihn zu berühren, ohne ihn zu wecken. Aber in dieser Nacht hätte ich ihn am liebsten wachgerüttelt, ihn wachgeschlagen wie einen Bewusstlosen.

»Wir waren mal zusammen«, hatte Lukas gesagt, bevor Margot uns zum ersten Mal besuchen gekommen war, »aber das ist lange her.« Ich hatte nur gelächelt, liebevoll und ein bisschen spöttisch. Anfangs hatte ich mir noch Gedanken darüber gemacht, wie ich lächeln wollte, schauen, mich bewegen oder sprechen, wenn ich mit Lukas zusammen war. Ich wusste nicht, ob er bemerkte, wie ich mich verstellte. Er musste abgehärtet sein durch Margot, das dachte ich später.

Sie war in unsere Wohnung getreten wie ins Rampenlicht, sie hatte Lukas angestrahlt und sein Gesicht mit beiden Händen umfasst. Ihre Küsse auf seine Wangen waren zärtlich und genau, und ich stand starr, während sie mich auf dieselbe Weise begrüßte. Dann schaute ich Lukas an, aber er war ganz auf Margot ausgerichtet, achtsam, als müsse er jede ihrer Bewegungen im Auge behalten.

Ihre Lippen waren weich gewesen unter dem festen Druck, den ich noch auf meinen Wangen spürte, als ich hinter ihr und Lukas her in die Küche ging, auf den Balkon und mich gleich setzte. Margot hob die Arme, sie sah aus wie eine Königin, die an die Brüstung trat, um ihr Volk zu begrüßen. »Wie schön ihr es hier habt«, sagte sie. Unten auf dem Hof standen ein paar Fahrräder und gegenüber zog sich die nächste graue Häuserwand hoch.

»Nicht wahr?«, sagte Lukas und lachte. Er rückte Margot den Stuhl zurecht und setzte sich erst, nachdem sie sich gesetzt hatte. Sie lächelte mir zu, ihre Augen waren dunkel umrandet, und sie trug einen Pagenkopf, dessen Pony so lang war, dass die Spitzen ihre Wimpern berührten. Ich spürte beim Hinschauen ein Kitzeln unter meinen Augenbrauen, aber Margot strich sich die Haare nicht einmal aus der Stirn. Sie legte sich mit einer Geste, die nach Verlegenheit aussah, die Hand in ihren ausrasierten Nacken. Um die Handgelenke trug sie funkelnde Perlenkettchen, und natürlich war sie nicht verlegen.

Sie tat von Anfang an so, als wären wir alle gute alte Bekannte, und Lukas schloss sich dem an. Er übernahm auch ihren Tonfall der allerleichtesten Plauderei, den ich gar nicht von ihm kannte. Margot schaute, während sie redete, abwechselnd ihn und mich an, wie um deutlich zu machen, dass sie sich keineswegs nur an Lukas wenden wollte. Immer wieder lächelte sie mir zu, als würde uns ein kleines Geheimnis verbinden, eine lustige Geschichte.

Lukas saß nah bei mir. Unter dem Tisch hatte er meine Beine mit seinen in die Schere genommen, und er sorgte dafür, dass mein Glas nie leer wurde. Er blieb Margot zugewandt, wie gebannt oder, umgekehrt, als wolle er sie mit seinem Blick bannen. Nur manchmal, wenn sie mich anschaute, schaute auch er mich an. Dann fühlte ich mich für einen Moment wie der verborgene Mittelpunkt unseres Treffens.

Es war, als solle mir all das Gerede über Sommerweine und Hitzerekorde etwas ganz anderes erzählen, als würden Margot und Lukas damit etwas verhandeln, das ich nicht verstand. In meinem Mund, auf meiner Zunge und im Hals spürte ich eine eigenartige Belegtheit entstehen, wie immer, wenn ich in Gesellschaft anderer so lange schweige, bis ich denke, dass alles, was ich sagen könnte, seltsam klingen wird allein aus dem Grund, dass ich etwas sage.

Als Lukas schließlich kurz vom Balkon ging, schwieg auch Margot. Sie schaute auf den Hof, der inzwischen dunkel geworden war und still, auch von den übrigen Balkonen waren keine Stimmen mehr zu hören. In anderen Nächten hatten Lukas und ich dem Stöhnen unserer Nachbarn zugehört, das durch die geöffneten Schlafzimmerfenster auf den Hinterhof drang und wie durch einen Schalltrichter verstärkt wurde.

Jetzt stellte ich mir vor, wie sie schliefen, eingelullt von Margots und Lukas' Plauderton. Ich war müde und gähnte, ohne mir die Hand vor den Mund zu halten, als Margot sich mir zuwandte. »Lukas wird dich kaputt machen«, sagte sie. Es klang, als würde sie ein Urteil fällen, absichtlich brutal: »Glaub mir, der hat mich kaputt gemacht, der wird auch dich kaputt machen.«

Lukas kam zurück auf den Balkon, er blieb in der Tür stehen und schaute von Margot zu mir und wieder zu ihr, als könne er uns ansehen, dass etwas vorgefallen war, als könne er so herausfinden, was. Margot stand auf. »Ich werde gehen«, sagte sie. Wieder küsste sie uns auf die Wangen, und auch nachdem sie die Tür hinter sich zugezogen hatte, blieben Lukas und ich noch auf dem Flur stehen.

Ich räusperte mich ein paar Mal, um die Belegtheit loszuwerden, dann schüttelte ich den Kopf. Lukas griff mit beiden Händen in meine Haare, auf eine Art grob, die mir gerade noch gefiel. Wir begannen erst am nächsten Morgen, über Margot zu sprechen, und Lukas erzählte mir, dass er vor drei Jahren mit ihr zusammen gewesen war.

»Nicht mal sonderlich lange«, sagte er. »Ich weiß auch nicht mehr so genau. Eine katastrophale Zeit.« Er schüttelte den Kopf, aber es klang, als würde er doch gerne daran zurückdenken; wie immer, wenn er begann, von seinen katastrophalen Zeiten zu erzählen, und dann behauptete, er wisse nicht mehr so genau. »Und seitdem verfolgt sie mein Leben halt so ein bisschen«, sagte er, »will schauen, ob es mir auch gut geht.« Er zuckte mit den Schultern, ratlos. »Aber sie mochte dich«, sagte er noch, »sie ist vor allem gekommen, um dich mal kennenzulernen.«

»Dann hat sie ja einen perfekten Eindruck von mir bekommen, wie ich hier so stumm neben euch gesessen hab«, sagte ich.

»Aber ehrlich«, sagte er, »hätte nicht besser sein können.«

Er stand auf, und ich wusste, dass er vom Balkon in die Küche gehen würde, um einen Blick in den Kühlschrank zu werfen, einen zur Wanduhr, und dass er dann wieder zu mir zurückkehren würde. Er erinnerte mich in diesem Ablauf an einen ehemaligen Zirkusbären, den ich einmal im Zoo gesehen hatte, gefangen in seinen antrainierten Bewegungen, drei Schritte vor, ein Schwenken mit dem Kopf, drei Schritte zurück und von vorn.

Ich entschied mich, ihm vorerst nichts von dem zu erzählen, was Margot zu mir gesagt hatte. Ich war mir sicher, dass wir ein andermal über sie weitersprechen würden; und tatsächlich kommen mir im Nachhinein all unsere Gespräche über Margot vor wie ein einziges, eins, das wir nur immer wieder unterbrachen.

»Margot mochte dich, sie mochte dich wirklich«, sagte Lukas ein paar Wochen später. Inzwischen war es so heiß geworden, dass wir jeden Abend auf dem Balkon sitzen konnten, bis tief in die Nacht hinein mit unseren eiskühlen, beschlagenen Gläsern. Lukas trank beharrlich und gewissenhaft auf einen bestimmten Punkt hin, und ich merkte es immer, wenn er dort angekommen war. Dann lehnte er sich zurück, ruhig wie einer, der sein Ziel erreicht hatte.

Es kam mir so vor, als würde er durch das Trinken eine Art von inneren Frieden erreichen wie andere Menschen vielleicht durch karitative Arbeit oder Meditation. Mir selber wurde dabei nur schwindelig, aber auch das gefiel mir. Es rückte die Dinge von mir weg, rückte, in den besten Momenten, mich selbst von mir weg.

»Sie hat es mir gesagt«, sagte Lukas, »ich habe sie neulich getroffen.«

»Wo?«, fragte ich.

»Hier«, sagte er, »sie ist noch mal hierhergekommen, da warst du«, er stockte, »da warst du grad nicht da.«

»Aha«, sagte ich. Es sollte nicht spitz klingen, es gelang mir nicht, und so langsam war mir das egal. Lukas merkte sich nie, wohin ich ging, obwohl ich es ihm jedes Mal sagte und die Tage und Zeiten, die ich in der Bibliothek oder auf der Arbeit verbrachte, immer dieselben waren. Aber wenn ich nach Hause kam, war Lukas da, und es war, als hätte er auf mich gewartet. »Was mochte sie denn an mir?«, fragte ich.

»Deine Ruhe«, sagte er.

»Welche Ruhe?«, fragte ich und lachte wie über einen großartig gelungenen Scherz.

»Sie ist eigentlich gekommen, um dich zu sehen«, sagte Lukas noch, »sie wollte dir was sagen, aber sie wollte mir nicht sagen, was.«

Der Satz klang wie ein Zungenbrecher, und ich wiederholte ihn einmal und fragte: »Was?«, bevor ich den Sinn verstand.

Ich hatte immer wieder an das denken müssen, was Margot zu mir gesagt hatte. Kaputt machen, hatte ich mir zwischendurch gedacht, wie ein Kind ein Spielzeug, aber es war nicht harmloser geworden durch diesen Vergleich, eher im Gegenteil, als ich daran dachte, wie ich in der Grundschule auf den Buntstiften eines unbeliebten Mitschülers herumgetrampelt war, die ihm aus Versehen heruntergefallen waren: voller Freude über die Gelegenheit.

Margot saß mit Lukas auf dem Balkon, als ich an einem der nächsten Abende nach Hause kam. Lukas stand gleich auf, und so schnell, wie er mich küsste und nach drinnen verschwand, war es, als würde er vor Margot fliehen. Sie lächelte mir zu, und ich spürte eine plötzliche Abneigung, von der ich nicht wusste, woher sie kam. Es war keine Eifersucht. Es war etwas in der Art, wie Margot dasaß, geziert.

»Ich wollte noch einmal mit dir reden«, sagte sie und machte eine Geste, wie um mir einen Stuhl anzubieten. Hinter mir hörte ich Lukas den Kühlschrank öffnen und mit seinen Flaschen klirren, dann verließ er die Küche. Ich setzte mich nicht.

»Hast du Lukas gesagt, was ich das letzte Mal über ihn gesagt habe?«, fragte Margot. Ich schüttelte den Kopf. »Gut«, sagte sie, »ich hätte es nicht sagen sollen. Es tut mir leid.«

»Schon okay«, sagte ich.

»Ich hatte nur irgendwie das Gefühl, ich müsste dich vor Lukas warnen«, sagte sie, »aber ich sollte mich nicht einmischen.«

Ich meinte, Margots Art der psychologischen Gesprächsführung zu durchschauen; sie wollte, dass ich nachfragte. Sie fuhr aber auch fort, als ich das nicht tat. »Es ist nur so, dass Lukas mich in der Zeit, als wir zusammen waren, sehr verletzt hat«, sagte sie. »Sehr, sehr verletzt hat. Hat er dir mal von früher erzählt?«

Ihr Ton war sanft, und ich verschränkte die Arme auf der Suche nach einer Antwort, die klingen sollte, als wären mir Lukas' katastrophale Zeiten egal. »Ich hab ihn nie danach gefragt«, sagte ich schließlich.

»Solltest du vielleicht mal tun«, sagte Margot. Sie stand auf. »Aber wie gesagt, ich sollte mich nicht einmischen.«

Ich brachte sie nicht zur Tür. Ich blieb eine Weile auf dem Balkon sitzen, und ich hatte ihre Stimme noch im Ohr, als ich zu Lukas ging; fein, wie sie jedes Wort gesetzt und wie alles gesessen hatte. Lukas saß im Schlafzimmer auf dem Bett, und ich setzte mich neben ihn. Ich sah, wie ihm Tränen in die Augen stiegen, und wie sie wieder verschwanden, ohne dass er weinte.

»Was ist los?«, fragte ich. Er schüttelte den Kopf. »Margot?«, fragte ich, als wüsste ich längst schon über alles Bescheid, mit derselben Müdigkeit auch angesichts einer Geschichte, die sich nur noch wiederholt.

»Warum lässt sie mich nicht endlich in Ruhe«, sagte er, »es ist so lange her, dass wir –«, er brach den Satz ab. »Was hat sie dir denn erzählt?«, fragte er, und, bevor ich antworten konnte: »Nein, ich wills überhaupt nicht wissen.«

Ich schwieg. Lukas sah aus wie an den seltenen Abenden, an denen er über seinen friedlichen Punkt hinaustrank und sein Blick finster und grimmig wurde, und ich hätte ihn gerne allein gelassen.

Am nächsten Tag schlief Lukas noch, als ich ging. Ich fuhr mit dem Rad zur Bibliothek, und es war, als würden die Straßenzüge an mir vorbeigeschoben, während ich langsam in die Pedale trat, in einem gleichmäßigen Rhythmus, den ich versuchte, in ein Schema zu fassen, in etwas, das man zählen konnte oder das ein abstraktes Muster ergeben würde.

Auf dem Weg zum Lesesaal blieb ich auf der Treppe stehen und legte meine Hände auf das Marmor des Geländers, führte die Linien meiner Adern fort in denen des Steins. Ich las keine einzige Zeile an diesem Tag. Ich dachte an Lukas und Margot, aber nicht über sie nach. Ich dachte nur daran, wie ich sie gesehen hatte, und hing diesen Bildern nach wie denen eines Films, von dem ich nur Ausschnitte kannte.

Als ich am Abend nach Hause kam, lag Lukas im Bett. »Immer noch oder schon wieder?«, fragte ich, und er winkte ab und stöhnte.

»Was für ein katastrophaler Abend«, sagte er.

»Katastrophal«, wiederholte ich. Es war das erste Mal, dass Lukas damit etwas bezeichnete, das uns betraf, und ich freute mich darüber, als hätte ich die ganze Zeit nur darauf hingearbeitet. Lukas schaute mich an, erstaunt, und lachte, und dann war es leicht. »Ich sollte dir vielleicht noch erzählen, was Margot zu mir gesagt hat, gestern, und am ersten Abend«, sagte ich.

Lukas hörte mir ruhig zu. Er nickte, als ich »kaputt

machen« sagte und »sehr, sehr verletzt«, er nickte, als ich damit endete, dass Margot mir geraten habe, ihn nach seiner Vergangenheit zu fragen. »Und irgendwann musst du mir wirklich mal von früher erzählen«, sagte ich.

»Muss ich?«, fragte er, und es schien, als hätte er mich verstanden, als er sich die Antwort darauf gab: »Irgendwann.«

Der Sommer war fast schon vorbei, als Lukas mir Margots letzten Besuch ankündigte. »Das stehen wir schon durch«, sagte ich, und Lukas lachte. Ich hatte im Gefühl, dass es Margots letzter Besuch sein würde, ich glaubte daran. Sie wiederholte ihren ersten Auftritt von der Begrüßung an, und wieder setzten wir uns auf den Balkon. Margot erzählte von einer Reise nach Italien, die sie diesen Sommer gemacht hatte oder irgendwann anders, und Lukas erzählte von seinen Reisen, und sie sprachen über Fluglinien, Inseln vor Thailand und billige Hotels, in denen nichts funktionierte.

Noch einmal sah ich Margots glatt abgeschnittene Ponyspitzen, die dunkle Umrandung ihrer Augen, ich betrachtete ihre Knie unter ihrem halblangen Rock, die mir spitzer vorkamen als alle Knie, die ich je gesehen hatte. Das Restlicht brach sich schwach in unseren Gläsern, und ich dachte vage daran, dass ich den Abgabetermin meiner Arbeit weiter würde verschieben müssen, und ich dachte, dass das eigentlich nicht wichtig war. Mit diesem Gefühl schaute ich sehr lange auch Margot an, dann Lukas. Ich hatte nicht bemerkt, wann sie angefangen hatten zu schweigen.

»Du weißt nicht, wie das ist«, sagte Margot schließlich. Sie wandte sich an mich, und dass Lukas aufstand, kam mir nachher vor wie auf ein Stichwort hin. »Aber ich mag dich«, sagte sie, »und wenn ich dich nicht mögen würde, wärs mir egal.« Sie sprach fast im selben urteilenden Ton wie bei unserem ersten Treffen, nur fast; ich hörte eine Drohung heraus und noch etwas anderes, das nicht dazu passte.

Verspätet schaute ich Lukas hinterher und griff nach meinem Glas. Es war leer, und ich nahm es trotzdem und kippte es steil, dass der allerletzte Tropfen noch langsam in meinen Mund floss. »Ah«, sagte ich dann, als wäre mir alles gerade sehr behaglich. Besorgnis vielleicht oder die Bitte, gehört zu werden oder irgendetwas, das in Richtung Verzweiflung ging, dachte ich. Ein Wunsch, der sich an Lukas richtete oder an mich, ich kam nicht dahinter.

Ich wartete sehr lange, schweigend, bis ich verstand, dass Lukas nicht zurückkommen würde, und sah zu, wie Margot sich abwandte, die Schultern fallen ließ, ein wenig in sich zusammensackte, ganz undramatisch, in einem fließenden Übergang. Ihre Hände lagen in ihrem Schoß, kraftlos. »Egal«, sagte sie, und es klang wie ein schwaches Echo ihres letzten Satzendes: »Egal.«

Ich ließ Lukas schlafen in dieser Nacht. Am nächsten Tag schien die Sonne noch einmal sehr hell in unser Schlafzimmer, bald würde sie zu tief über den Himmel gehen, als dass das Licht uns noch erreichen könnte. Lukas schaute mich an, mit halb geöffneten Augen.

»Ich mag dich«, sagte ich, sanft. Ich wollte, dass er es so hörte, wie Margot es zu mir gesagt hatte, so wie, ich war mir sicher, sie es immer wieder zu ihm sagte: »Ich mag dich wirklich.«

»Sei ruhig«, sagte Lukas, und ich dachte endlich, dass wir aufhören müssten, über Margot zu sprechen. Und das war es dann auch, was wir taten.

Souvenirs

Der Bus hielt, und der Fahrer schaute mich über den Rückspiegel an. »Nikiti?«, fragte ich wie schon beim Einsteigen, als wäre es das einzige Wort, das ich kannte. Der Fahrer nickte. Zu Beginn der Fahrt hatte er versucht, sich mit mir zu unterhalten. Woher ich käme, ob ich in Nikiti Urlaub machen wolle, ein schöner Ort sei das, auch er sei öfter dort. Ich hatte so getan, als würde ich ihn nicht verstehen.

Ich nahm meine Tasche und trat auf die schotterige Straße. Die Türen schlossen sich hinter mir, und der Bus fuhr weiter. Eine schmale Querstraße führte von der Haltestelle weg und in den Ort hinein, zu einer Anlegestelle, an der ein paar Kinder standen und auf das Meer hinausschauten, an der Dorfkirche vorbei und am Strand entlang.

Kleine Restaurants reihten sich an der Straße auf und Läden, vor denen Ständer mit Postkarten und neonbuntem Wasserspielzeug aufgebaut waren. Dámis hatte mir das Restaurant, in dem er arbeitete, beschrieben, es hatte eine große Laube, unter der die Tische standen. Ich sah es von Weitem und auch ihn dort stehen.

Er trug eine schwarze Hose, ein weißes Hemd mit kurzen Ärmeln, ich stellte meine Tasche ab und sah zu, wie er eine Bestellung aufnahm und einen Witz dazu machte, wie die Gäste am Tisch lachten. Ich sagte seinen Namen, Dámis schaute in meine Richtung, er sah mich nicht sofort, dann kam er zu mir und gab mir einen Kuss auf die Stirn.

»Da bist du ja«, sagte er, »gute Reise gehabt?« Ich nickte. »Ich habe dir ein Zimmer im Hotel reserviert«, sagte er, und wie auf Kommando kam eine Frau aus dem Restaurant auf uns zu, sie trug einen geblümten Kittel wie meine Oma und war wohl auch schon so alt. »Das ist Ela«, sagte Dámis zu mir, und zu ihr: »Das ist die Freundin, von der ich dir –«, Ela nickte. »Komm mit«, sagte sie und ging schon davon.

Das Hotel lag hinter dem Restaurant, es war sehr klein, nur zwölf Zimmer, sagte Ela, und dass ich mich nicht wundern solle, wenn das Licht im Treppenhaus manchmal ausfalle. »Ein Wackelkontakt«, sagte sie, »Dámis wollte es reparieren, aber er ist noch nicht dazu gekommen.« »Er arbeitet viel?«, fragte ich, und sie sagte: »Immer.«

Ich folgte Ela, eine Treppe hinauf, einen Flur entlang. »Bitte«, sagte sie dann und ließ mich zuerst eintreten. Der Boden war weiß gefliest, und das Bett ragte so in den Raum hinein, dass ich einen Bogen darum machen musste, um zum Balkon zu kommen. Ich trat hinaus, schaute auf die Laube, die Straße, das Meer.

»Schön«, sagte ich, und Ela nannte mir einen Preis. Es war nicht viel; ich könne von Nacht zu Nacht bezahlen, sagte sie, und ich suchte in meiner Tasche nach dem Portemonnaie, während Ela, die Hände in ihre Hüften gestützt, wartete. Nachdem sie gegangen war, stellte ich mich wieder auf den Balkon. Ich starrte auf die Laube, unter der Dámis jetzt hin- und herging und seine Gäste bediente, seine anderen Gäste, dachte ich.

Aus irgendeinem Grund hatte ich angenommen, dass er am Tag meiner Ankunft frei haben würde, und jetzt kam ich mir dumm vor. Ich schloss die Augen und lauschte auf die Geräusche, die mich umgaben, Musik, Stimmen, Mopedknattern und das Rauschen des Meeres, ich versuchte, mich so sehr darauf zu konzentrieren, dass sonst nichts mehr da war.

»Gut geschlafen?«, fragte Dámis mich am Morgen. Alles hatte einen hellgrünen Schimmer unter der Laube, auch das Weißbrot, das Dámis mir brachte, und die Ölschicht auf dem schwarzen Kaffee. »Gehst du gleich an den Strand?«, fragte er.

»Wenn du heute arbeiten musst«, sagte ich.

»Immer«, sagte er und setzte sich zu mir. »Das Frühstück ist schlimm, oder? Aber am Strand ist es schön.« Dann stand er wieder auf, hastig, als wäre ihm etwas eingefallen, das er gleich erledigen musste. »Hab einen schönen Tag, ja?«

Ich nickte. »Du auch.«

Der Strand war voll von Familien, so, wie ich es von den Urlauben aus meiner Kindheit kannte: Die Großeltern saßen unter Sonnenschirmen, die Eltern neben den riesigen Kühlboxen davor, die Kinder spielten am Wasser.

Ich legte mich auf mein Handtuch, schloss die Augen und lauschte wieder auf die Geräusche. Schon von Weitem hörte ich einen Mann, der laut rief, wie lecker die Schmalzkringel schmeckten, die er anbot. Er lief den Strand entlang, unten am Wasser, wo der Sand fester war, und die Kringel stapelten sich auf einem Tablett, das der Mann mit einer Hand auf der Höhe seiner Schulter balancierte. Die Kinder rannten ihm hinterher, sie machten sich über ihn lustig, und der Mann tat mir leid. Niemand kaufte ihm etwas ab.

Als ich gegen Mittag in mein Zimmer zurückkam, lag die Tagesdecke ganz glatt auf dem Bett, im Bad roch es nach Chlor. Ich duschte, legte mich hin und schlief sofort ein. Ich war immer noch müde, als ich wieder aufwachte, aber ich ging noch einmal an den Strand.

Die Familien vom Vormittag waren geblieben, und es war windig geworden. Ich behielt mein Kleid an und blickte auf das Meer, die Wellen gingen höher und wirbelten den Sand vom Boden auf, sodass das Wasser trüb wurde. Dámis kam vom Restaurant herüber und setzte sich neben mich. »Und«, fragte er, »es ist doch schön, oder?«

»Ja«, sagte ich. »Ich bin nur sehr müde.«

»Das liegt an der Sonne«, sagte er, »an der Hitze. Mir ging es am Anfang genauso.« Er hatte sich seine Schuhe und die Socken ausgezogen und ließ sich Sand zwischen die Zehen und über den Spann rieseln, bis seine Füße ganz bedeckt waren.

Ich dachte daran, wie ich mich als Kind einmal in den Sand hatte eingraben lassen, bis nur noch mein Kopf herausgeschaut hatte. Die ganze Zeit hatte ich Angst gehabt, mich nicht mehr befreien zu können, obwohl ich wusste, dass der Sand gar nicht so schwer wog.

Am Abend aß ich im Restaurant, und Ela setzte sich zu mir und stellte mir Fragen; sie sagte, Dámis habe ihr das alles schon erzählt, aber woher wir uns nochmal kennen würden. Ich antwortete ihr und beobachtete Dámis, wie er von Tisch zu Tisch ging, mit den Gästen und den anderen Kellnern scherzte. Als er an mir vorbeiging, strich er mir über das Haar.

Später schlenderte ich an den Souvenirläden entlang und schaute mir die Postkarten an, ich dachte an meine Eltern, ich überlegte, ihnen zu schreiben, eine Karte auf Griechisch, eine auf Deutsch. Auf dem Platz vor der Dorfkirche hatten Händler kleine Stände aufgebaut und verkauften gedünstete Maiskolben und Zuckerwatte,

Jugendliche hatten die Kinder an der Anlegestelle abgelöst, und immer mehr Menschen schoben sich an mir vorbei.

Dámis schien wirklich immer zu arbeiten, jedenfalls an den folgenden Tagen. Morgens fragte er mich, wie ich geschlafen hatte, und abends, was er mir bringen könne, und ich ging einfach immer an den Strand. Es waren dieselben Familien dort, jeden Mittag kam der Mann mit den Kringeln, und sein Tablett blieb meistens voll. Manchmal ging ich ins Wasser, aber ich schwamm nur so weit, dass ich auf dem sandigen Grund noch stehen konnte.

Abends nach dem Essen blieb ich im Restaurant sitzen und schaute mir die Passanten an, ließ auch ihre Gesprächsfetzen an mir vorbeitreiben, einzelne Sätze aus Geschichten, die ich nie ganz zu hören bekommen würde. Dámis berührte mich immer wieder im Vorbeigehen, er strich mir über den Oberarm, die Haare, den Nacken, und ich versuchte mich darauf zu konzentrieren wie auf die Geräusche, die mich umgaben, als könnten diese kleinen Berührungen alles sein.

Ich hatte schon wieder vergessen, dass Ela mich deswegen vorgewarnt hatte, als ein paar Tage nach meiner Ankunft das Flurlicht im Hotel ausfiel. Ich kam vom Restaurant, ich wollte schlafen gehen und machte ein paar Schritte im

Dunkeln, tastete nach der Wand, nach dem Geländer der Treppe, als ich vor mir den Lichtschein einer Taschenlampe sah.

»Hallo?«, fragte ich, ich sah das Licht auf dem Boden zittern, einen sehr hellen Punkt im Zentrum eines schwächer leuchtenden Kreises.

»Ich bin es«, hörte ich Dámis sagen.

Der Lichtstrahl schoss zu meinen Füßen und wanderte an mir hoch, er leuchtete mich an, erreichte mein Gesicht, blendete mich kurz, ich blinzelte, dann richtete Dámis den Strahl auf sein eigenes Gesicht. Es war ohne Schatten, viel zu weiß und flach, wie aufgespannt, ich schaute in seine aufgerissenen Augen, auch dann noch, als er den Lichtstrahl wieder zu Boden gerichtet hatte, wie auf das Nachglühen eines Blitzes im Nachthimmel.

»Soll ich dir den Weg nach oben leuchten«, fragte Dámis.

»Nein«, sagte ich, ich fühlte das Holz des Geländers unter meinen Fingern, trat auf die erste Stufe und lief die Treppe hoch.

Dámis klopfte an meine Tür, Minuten später. »Ich wollte dich nicht erschrecken«, sagte er, und ich lachte und sagte: »Hast du aber, ich zittere jetzt noch, guck!«, und streckte ihm meine Hand hin. Dámis sagte nichts, er schaute nur auf meine Hand.

»Vielleicht ist es die Sonne«, sagte ich, »die Hitze, vielleicht war ich zu lang am Strand. Vielleicht habe ich einen

Sonnenstich«, sagte ich, »vielleicht werde ich«, und Dámis sagte: »Das glaube ich nicht.«

Ich setzte mich auf das Bett, die Tagesdecke kratzte an meinen Beinen. Dámis blieb in der Tür stehen. Dann legte er die Taschenlampe auf den Boden. »Die lasse ich dir hier«, sagte er.

Am nächsten Tag blieb ich nach dem Frühstück sitzen. »Heute also kein Strand«, sagte Dámis, und ich schüttelte den Kopf. Ich war fast alleine unter der Laube, nur an einem der anderen Tische saßen noch eine Frau und ein Mann. Ich hörte, dass sie beide Deutsch miteinander sprachen, und wieder musste ich an meine Eltern denken; die Haare des Mannes waren an den Schläfen schon grau.

Sie saßen einander gegenüber, und der Mann hielt die Hände der Frau. Ich sah, wie ihre Finger kleine Bewegungen machten, als würde sie ihm eine geheime Nachricht in die Handflächen tippen. Sie schienen eine Reise zu planen, sie nannten Ortsnamen, zwischendurch sprach der Mann so leise, dass ich ihn nicht verstehen konnte, und die Frau lachte.

Dámis setzte sich neben mich. »Natürlich können wir ein Auto mieten«, sagte er, als würde er damit auf einen Vorschlag von mir eingehen, »wenn du willst, können wir ein bisschen herumfahren, am Wochenende.«

Ich nickte. Im selben Moment, als Dámis angefangen hatte zu sprechen, hatten der Mann und die Frau sich mir zugewandt. Sie schauten mich an, ruhig und fragend, und für einen absurden Moment dachte ich, sie wollten wissen, was ich Dámis antworten würde. Erst dann wurde mir klar, dass ich sie angestarrt haben musste.

Ich entschuldigte mich. »Ich wollte nicht«, sagte ich und entschuldigte mich noch einmal. Die beiden lächelten nur, und Dámis legte seine Hand in meinen Nacken. Ich schaute auf die Füße des Tisches, an dem ich saß, wie sie sich ihren Platz gesucht hatten zwischen den kleinen, grauen Steinen am Boden. Dámis' Hand war warm und schwer, es fühlte sich an, als würde er meinen Kopf herunterdrücken, und am liebsten hätte ich sie abgeschüttelt.

Bevor sie gingen, wandten sie sich mir noch zu. Die Frau hob ihre Hand, der Mann nickte lächelnd, sie sagten nichts. Ich stand auf. Ich fühlte Dámis' Hand meinen Rücken heruntergleiten; als ich auf die Straße trat, war das Paar schon fort. Ich lief ein paar Meter und blieb an einem der Läden stehen, schaute auf die Postkarten und das Spielzeug, als hätte ich mir nicht schon längst alles ganz genau angesehen, die Motive von Stränden, von weißen Häusern mit blau gestrichenen Türen, die gestreiften Wasserbälle und die aufblasbaren Schwimmreifen mit Fantasiefigurköpfen.

»Nikiti?«, hörte ich eine Stimme, fragend. Der Busfahrer stand vor mir. Er musste aus dem Laden gekommen sein, in der Hand hielt er eine Flasche Wasser, die außen beschlagen war, ich konnte die Abdrücke seiner Hände darauf sehen. »Na«, sagte er, »willst du weiter?« Ich sagte nichts. »Ich fahre gleich«, sagte er, »wenn du mitkommen willst. Es gibt noch ein paar schöne Orte auf der Strecke, da kann ich dich rauslassen.«

Ich sah Dámis nicht, als ich in das Hotel ging, und auch nicht, als ich es verließ. Ich hatte meine Tasche schnell gepackt, Geld für das Zimmermädchen auf das Bett gelegt und die Schlüssel daneben. Der Bus war leer. Der Fahrer hatte das Fenster an seiner Seite geöffnet, ich saß direkt hinter ihm, und der Fahrtwind blies mir entgegen, zusammen mit dem Geräusch des Motors und dem der Reifen auf dem Schotter.

Nach einer halben Stunde hielt der Fahrer an, öffnete die Tür und stellte den Motor aus. Ich schaute aus dem Fenster. Wieder führte nur eine Querstraße von der Hauptstraße weg, in einen Ort hinein. Ich nahm meine Tasche. »Also dann«, sagte der Fahrer noch. Seine Hände machten ein paar unruhige Bewegungen am Steuer, als wollte er es wegstoßen, zur Seite schieben.

Der Weg zum Ort kam mir länger vor als der nach Nikiti. Es war schon Mittag, und die Sonne schien gerade auf mich herab, aber mir war nicht heiß. Es war, als würde der Fahrtwind mich immer noch kühlen. Die ganze Zeit wartete ich darauf, das Motorengeräusch des Busses zu hören, aber da waren nur meine Schritte auf dem Schotterboden. Vielleicht war ich schon zu weit entfernt, oder der Bus stand immer noch da, auf der Hauptstraße, und der Fahrer fuhr einfach nicht weiter.

Strahlen

Matthes hatte ein Talent, so plötzlich aufzutauchen und wieder zu verschwinden, als könne er bestimmen, ob er gesehen werden wollte oder nicht. Seine Bewegungen wirkten wie eine Abfolge von zwanghaften Tics, er zog die Schultern hoch, wedelte mit den Händen, schüttelte den Kopf und machte komische kleine Ausfallschritte vor und zurück.

Aber es schien mir, als würde Matthes damit nur eine Unruhe nach außen kehren, die ich von mir selber kannte. Erst später dachte ich, dass Matthes vor meinen Augen abgebrannt war wie eine Wunderkerze, deren Funkensprühen mich geblendet und sich in meine Netzhaut eingebrannt hatte, sodass ich es auch dann noch sah, als alles längst verglüht war.

Matthes konnte stundenlang tanzen, ohne Unterbrechung. In den frühen Morgenstunden fing er oft an, um sich zu schlagen, als müsse er einen unsichtbaren Gegner abwehren, und irgendwann stand er nur noch da, den Kopf in den Nacken gelegt, mit einem Zucken in den Armen, den Schultern.

Er reagierte nicht, wenn ich ihn dann noch ansprach, aber ich wartete ohnehin selten, bis es so weit war. Wenn ich nach Hause ging, war es schon hell. In meiner Straße kamen mir die Schulkinder entgegen mit ihren Tornistern, die so groß und schwer aussahen, dass ich meinte, eins der Kinder könnte gleich hintenüberkippen und auf dem Rücken liegen bleiben wie ein hilfloser Käfer.

Durch meine Schlafzimmerfenster schaute ich auf den Pausenhof und in ein paar der Klassenräume, ich sah die bunten Kreidefelder für Himmel und Hölle, die eifrig nach oben gestreckten Arme während der Unterrichtsstunden, ich duschte und legte mich ins Bett. Das Klingeln der Pausenglocke weckte mich wieder, und wie durch eine Dämmwand, die sich in der Nacht um mich herum errichtet hatte, drang das Rufen der Kinder vom Hof zu mir hoch.

Es war, als würde ich langsam durch die Tage sickern wie Regenwasser durch immer feiner werdende Schichtungen von Gestein, bis es gesäubert am Grund anlangt, bis es draußen endlich dunkel geworden war und ich mich wieder auf den Weg machen konnte. Ich ging fast jede Nacht aus, seit ich im Frühjahr nächtelang wach gelegen hatte mit dem Gefühl, mir stünde eine Prüfung bevor, deren Ergebnis über den weiteren Verlauf meines Lebens entscheiden würde. Dabei wusste ich, dass eine derartige Prüfung niemals stattfinden würde. Inzwischen war es so warm, dass ich ohne Jacke aus dem Haus gehen konnte, vor die Tür und durch die Straßen, wie um mich treiben zu lassen, aber ich hatte jeden Abend ein Ziel.

Immer war es Matthes, der auf mich zukam; er tippte mich an, ich spürte das Klopfen seines Zeigefingers an meiner Wange, der Schulter, dem Hinterkopf oder wo er mich gerade erreichte, leichte Schläge, wenn er die flache Hand nahm, immer kurz fünfmal, das war sein Rhythmus. So stieß er auch mit seiner Bierflasche gegen meine, bevor er einen Schluck nahm, so zwinkerte er mir zu, mit beiden Augen.

Er umarmte mich so fest, als wolle er mir die Rippen zerquetschen, so kurz, dass der Schreck viel zu schnell vorbei war; von meinem Brustkorb aus spürte ich ein Kribbeln durch meinen Körper gehen, bis in meine Fingerspitzen und Zehen, als wären sie komplett von der Blutzufuhr abgeschnitten gewesen, eingeschlafen und taub.

In diesen Momenten war es, als würde etwas von Matthes auf mich übergehen, als wäre es möglich, überschüssige Energie von einem Menschen auf einen anderen zu übertragen. Und Matthes schien immer zu viel davon zu haben, er gab andauernd etwas ab. Seine Augen waren so weit geöffnet, dass man über und unter der Iris das Weiße sehen konnte, die Haare klebten nass an seinem Kopf, und er strahlte.

Ich sah außer ihm noch ein paar andere regelmäßig, sie waren alle allein unterwegs und schienen sich untereinander nicht zu kennen, vielleicht beim Namen, aber nicht so, dass sie voneinander wüssten, was sie außerhalb der Nächte machten, ob es da überhaupt etwas gab. Sie zeigten auch nie, dass sie mich wiedererkannten, schauten mich nur an, ein paar Takte länger als gewöhnlich, bis sicher sein konnte, dass der Blick nicht zufällig gewesen war.

Ich schaute zurück, genauso stumpf und starr wie sie, es kam mir vor wie ein heimliches Kräftemessen, und ich fragte mich, wann es entschieden sein und was dann passieren würde. Das Leben dieser Gestalten schien sich genauso wie meins auf die Nächte zu konzentrieren, aber ich konnte nicht sehen, was sie daran noch fanden, ob sie Freude hatten, ob sie diese Nächte schön fanden, so, wie Matthes und ich es uns einander in die Ohren brüllten, schön, als würden wir ein Panorama bewundern.

Ich selber war früher nur an Freitagen oder Samstagen ausgegangen, immer ein wenig aufgeregt, mit Vorfreude auf das grundlose Feiern, und als ich dann jeden Abend losging, war diese Freude eine Zeit lang so groß wie nie zuvor. Es fühlte sich an, als würde ich mir einen Freiraum herausnehmen, der mir eigentlich gar nicht zustand, als hätte ich mich ausgeklinkt; ich dachte: Ich mache nicht mehr mit, und es dauerte lange, bis ich merkte, dass ich jetzt eben etwas anderes mitmachte.

»Du bist noch auf der Suche«, brüllte Matthes mir eines Nachts ins Ohr, »aber da ist nichts«, er wiederholte das Wort fünfmal und tätschelte meine Schulter dazu: »Nichts, nichts, nichts, nichts, nichts«, dann wandte er sich ab, und im nächsten Augenblick war er verschwunden. Ich verstand nicht gleich, was er meinte. Ich schaute in die Richtung, in die er gegangen war, als könnte sich die Masse der Menschen teilen und den Blick auf Matthes freigeben, aber ich ahnte, dass ich ihn in dieser Nacht nicht wiedersehen würde.

Noch auf dem Weg nach Hause fragte ich mich, was ich seiner Meinung nach suchen könnte. Sicher nicht die Gestalten, die ich vorgefunden hatte, dachte ich, in ihren Zuständen von nüchtern bis hinüber, ihre ausgestreckten Hände, ihr stummes Lachen und Reden, wenn die Musik lauter als alles andere war. Sicher nicht diese Musik, die mich nur betäubte wie die kleinen Biere für vier Euro, und sicher nicht die Angst vor dem endgültigen Tinnitus jeden Morgen oder mein Torkeln um diese Uhrzeit.

Matthes hatte recht, es blieb nichts übrig, wenn ich begann, die Nächte so auf ihre Bestandteile herunterzurechnen, nichts, das es wert gewesen war, gefunden zu werden. Nicht einmal Matthes blieb übrig, dachte ich, höchstens Momente mit ihm, aber auch die ließen sich zerlegen in Bewegungen, Berührungen, Wörter und Blicke.

Es war ein Sonntagmorgen, und niemand begegnete

mir auf dem Weg; in meiner Wohnung war es still, und ich merkte, wie meine Überlegungen mir entglitten wie ein Wort, das man so oft wiederholt, bis es plötzlich ganz fremd erscheint und unverbunden mit seiner Bedeutung. Wie immer duschte ich und legte mich ins Bett, aber ich konnte nicht schlafen.

Auch an den nächsten Abenden, an denen ich zu Hause blieb, und später, als ich dann gar nicht mehr ausging, merkte ich, dass sich meine Unruhe vom Frühjahr nicht gelegt hatte. Ich hatte sie nur nicht mehr so deutlich gespürt, als wäre sie aufgehoben gewesen in den Nächten. Ein paarmal ging ich noch aus, nur, um Matthes zu suchen, obwohl ich wusste, dass es an ihm lag, ob wir uns sehen würden oder nicht.

Ich fragte mich, wie er noch weitermachen konnte, wenn er so genau wusste, dass da nichts war, nur noch die Routine im Ausgehen, die mir jetzt genauso schal und leer vorkam wie die der Arbeitstage von neun bis fünf. Wieso er noch gestrahlt hatte, als er mir das gesagt hatte, und ob er es bezweckt hatte, mich herauszuwerfen aus der Ordnung dieser Nächte.

Ich kam nicht mehr dazu, ihn all das zu fragen, aber es war auch nicht nötig. Es war kein Antippen, und es waren mehr als leichte Klapse, die ich bekam, als Matthes ein letztes Mal auf mich zukam, er traf mich mit dem Handrücken im Gesicht, seine Knöchel kurz fünfmal auf meinen Lippen, ich öffnete die Augen mit einem metallenen Geschmack auf der Zunge und Matthes war nicht mehr da.

Rücksicht

Ich bins«, sagte Fehbach, wenn er mich anrief. Ich stellte mir vor, dass er sich bei jedem, den er anrief, so meldete, und dass dann jeder immer gleich wusste, wer er war. Ich rief ihn nie an. Ich war mir nicht sicher, ob er gleich gewusst hätte, wer ich war, selbst wenn ich mich mit meinem vollen Namen gemeldet hätte.

Am Telefon sprach Fehbach so, als würde ihn etwas Wichtigeres ablenken. »Ist ein Treffen möglich?«, fragte er. »Ist ein Treffen planbar? Die aktuellen Arbeiten sind folgende«, und, wenn er von seinen Reisen, seinen Aufträgen und der nächsten Ausstellung sprach: »Eigentlich solltest du daran teilhaben.«

Es klang, als würde er es ernst meinen, und bis ich mich daran gewöhnt hatte, stellte ich mir vor, wie Fehbach kommen würde, um mich abzuholen, mit einem zweiten Flugticket und der Frage nach meinen gepackten Koffern. »Dann mach es gut«, sagte er, bevor er auflegte, immer im selben synkopischen Rhythmus.

Ich hörte nur alle paar Monate von ihm, und wenn er mich nach einem Treffen fragte, lud ich ihn zum Essen bei mir ein. Fehbach kam pünktlich, ich wartete an der Wohnungstür auf ihn, lauschte auf seine langsamen Schritte und wie sie für ein paar Sekunden aussetzten, wenn Fehbach an einem der Treppenabsätze angelangt war.

Er ging mit einer Hand am Geländer und war außer Atem, wenn er bei mir ankam. Wortlos reichte er mir einen Blumenstrauß, gleich danach das zusammengeknüllte Einwickelpapier, und wir umarmten uns.

Fehbachs Haare waren in den Jahren, die wir uns kannten, grau geworden und alles an ihm beschwerlicher; seine Hemden spannten über dem Bauch, und er ächzte, wenn er sich in meiner Küche auf den Stuhl fallen ließ.

»Es ist eine Freude, wieder hier zu sein«, sagte er, »dich zu sehen. Aber du siehst müde aus, kann das sein?«

Zehn Fotos machte Fehbach von mir, bei jedem Treffen, mal über den Abend verteilt, mal schnell hintereinander. Seit Jahren fotografierte er dieselben Menschen immer wieder, um die Veränderungen, die Entwicklungen festzuhalten, hatte er mir erklärt, als wir uns kennengelernt hatten.

Er erwartete nicht, dass ich in die Kamera schaute. Ich konnte mich ganz abwenden, mir die Hände vors Gesicht halten. »Bleib so«, sagte Fehbach, während er die Fotos schoss, »genau so.«

Er aß gerne, mit einer Konzentration, die ich von niemandem sonst kannte, so langsam, dass am Ende alles auf seinem Teller kalt sein musste. Beim Kauen schloss er die Augen, und manchmal hörte ich ihn kleine Geräusche machen, genussvolle kleine Geräusche, er seufzte, und ich hätte gerne Musik angestellt.

Aber Fehbach mochte das nicht. Auch der Wein kam erst nach dem Essen auf den Tisch, zusammen mit meinen Zigaretten, mit Fehbachs kleinen, fast schwarzen Zigarillos, deren verbrannten Geruch ich Tage nach seinem Besuch noch in der Nase hatte und manchmal auch zwischendurch, ganz unvermittelt, als sollte mich das an etwas erinnern.

»Nein, ich bin nicht müde«, sagte ich. Früher hatte Fehbach mich gefragt, was in meinem Leben vor sich ging: »Was treibt dich um?«, fragte er. »Was ist aktuell?« Aber inzwischen änderten sich meine Antworten darauf nicht mehr alle paar Monate, und Fehbach sagte nur noch: »Du solltest weggehen.«

Er schlug London vor, Madrid oder New York, wahllos und ohne mich zu fragen, was ich davon hielt. Er nahm keine Rücksicht auf das Leben, das ich führte, aber es gefiel ihm, andere Leben für mich zu entwerfen, mit jeder Flasche Wein ein neues.

Er sah mich als Filmvorführerin in Chicago, als Nachtwache in einem Hostel in Rom und in Krakau als

Fahrkartenverkäuferin. Er beschrieb mir das amerikanische Independentfilm-Publikum, »wie hier«, sagte er, »nur noch ein bisschen mehr: dickere Gläser in den Brillen und Strickpullis mit noch schöneren Mustern.«

Er erzählte mir von den holländischen Touristen in Rom, die sonnenverbrannt sein würden und mein Deutsch verstehen könnten; er sagte, in Krakau würde ich eine Arbeitsuniform bekommen, dunkelblau mit goldglänzenden Knöpfen.

»Ich kann mir das gut vorstellen für dich«, sagte er.

Spätnachts rief ich ihm ein Taxi. »Dann mach es gut«, sagte er, wir umarmten uns wieder, und ich hörte ihn die Treppen hinuntergehen, noch langsamer, als er hochgegangen war. Ich schloss die Tür, öffnete die Küchenfenster, leerte die Aschenbecher aus und warf die Essensreste weg. Ich spülte auch und trocknete gleich ab, obwohl ich wusste, dass ich es dadurch nicht schaffte, alle Spuren von Fehbachs Besuch zu beseitigen.

Seine Entwürfe blieben bei mir in den nächsten Tagen, ich dachte an den Wind, der in Chicago durch die Häuserzeilen jagte oder an die Gespräche, die ich des Nachts an der Rezeption führen könnte, in holperndem Englisch mit einem zum Umfallen müden, aufgedrehten Japaner vielleicht.

Morgens stand ich mit dicken Lidern vor dem Badezimmerspiegel, die ganze Nacht hatte ich von nichts anderem geträumt als von einem der Leben, die Fehbach sich für mich vorgestellt hatte.

»Das bist du«, sagte Fehbach an dem Abend, als er mir statt der Blumen einen großen Umschlag mitbrachte. Ich öffnete ihn und nahm ein Foto heraus, das oberste von einem Stapel, das erste, das Fehbach von mir gemacht hatte. Ich sah etwas ungeduldig aus darauf, nicht ganz ernst, aber mit gespanntem Blick schaute ich der Kamera, dem späteren Betrachter, mir, entgegen.

Fehbach hatte mich gefragt, ob er mich fotografieren dürfe, mit einer Sachlichkeit, die vermittelte, dass er sich damit nicht an mich ranmachen wollte, jedenfalls nicht nur. »Wenn du mir deine Adresse gibst, kann ich dir die Fotos schicken«, hatte er gesagt, und ich hatte gelacht.

Ich erinnerte mich an meine allgemeine Unruhe zu der Zeit, und wie ich das Gefühl gehabt hatte, andauernd rennen zu müssen, während sich alles um mich herum immer schneller und schneller drehte.

Ich legte das Foto zurück und schaute Fehbach an. »Da steckt noch alles drin«, sagte er, und es blieb offen, ob er den Umschlag meinte, die restlichen Fotos oder den Ausdruck auf meinem Gesicht, den Ausdruck auf meinem Gesicht jetzt oder damals oder etwas vollkommen anderes.

»Ich möchte dich besser sehen«, sagte er, und es war, als würde ich aus dem ersten Foto heraus sprechen, als ich sagte: »Ich kann mich ausziehen, wenn es das ist.«

Fehbach schaute genau hin, als ich meine Sachen ablegte und dabei so tat, als wäre ich allein. Dann bat er mich, dass ich mich von ihm abwandte. Ich kniete mich auf mein Bett und wartete darauf, dass er von hinten an mich herantreten würde; ich drehte mich nicht noch einmal um.

Seine Hände lagen unvertraut auf meinen Hüften, und nach einer Weile begann Fehbach, kleine Geräusche zu machen, die mich an die denken ließen, die er auch machte, wenn er aß. Ich sah ihn mit geschlossenen Augen an meinem Küchentisch sitzen, Messer und Gabel in der Hand, kauend, und je länger es ging, desto sicherer meinte ich aus seinen Geräuschen eher eine Beschwerde als einen Genuss herauszuhören.

Visiten

Andy«, sagte sie. Aber sie gab mir nicht die Hand. Sie war etwas größer als ich und sehr schmal; ihre Jeans, die mir zu eng gewesen wären, hingen locker auf ihren Hüften. Ich sah, dass sie unter ihrem weißen Hemd keinen BH trug, die Ärmel hatte sie hochgekrempelt, die kurzen braunen Haare aus dem Gesicht gestrichen.

Andy schien meinen Blick zu verfolgen, sie lächelte und schob ihren Brustkorb vor. Mit beiden Händen zog sie den Stoff über ihren Brüsten glatt, wie um sie mir besser zu zeigen. Ich schaute sie an. Andy lachte. Sie nahm ihre Hände wieder weg und sagte, gleichzeitig scherzhaft und wie zur Verteidigung: »Wieso, ist doch in Ordnung.«

Wir standen etwas abseits von den anderen Fahrgästen. Der Zug nach Berlin hatte über eine halbe Stunde Verspätung, und die übrigen Reisenden hatten sich schnell zu Grüppchen zusammengefunden und tauschten sich über ihre Erfahrungen mit Verspätungen bei Bahnreisen aus. Andy war mit ihrem Gepäck ans Ende des Bahnsteigs gegangen, um eine Zigarette zu rauchen, mit dem Gesicht in der Sonne und einer Hand in der Hosentasche.

Als ich zu ihr kam, musterte sie mich nur kurz. »Ich mag Verspätungen«, sagte sie.

»Tatsächlich?«, fragte ich.

»Ja«, sagte sie. »Ich mag diese Dinge, an denen man nichts ändern kann. Verspätungen, Naturkatastrophen, verpasste Chancen …« Sie ließ den Satz in der Schwebe. »Dieses Ausgeliefertsein!«, fügte sie dann mit Nachdruck hinzu.

Ich schaute sie fragend an, ich war mir nicht sicher, ob sie es ernst meinte. Ihr Lächeln verriet nichts. Dass ich ihr meinen Namen nennen, mich ihr vorstellen würde, hatte ich schon beschlossen, als ich zu ihr gegangen war. Als ich es dann tat, nickte Andy nur, als hätte sie damit bereits gerechnet.

Ich half ihr, ihre Sachen in den Zug zu hieven. Sie hatte zwei schwere schwarze Reisetaschen dabei, die sie ins Gepäckfach über den Sitzen hob; sie schien nicht nur schmaler, sondern auch viel kräftiger zu sein als ich.

Ich hatte ihr nicht angesehen, dass sie müde war, aber kaum dass der Zug angefahren war, schlief Andy ein. Ein Schaffner lief durch den Gang und bot als Entschädigung für die Verspätung Freigetränke an. Ich nahm zwei Flaschen Wasser, trank eine sofort aus und klemmte die andere in das Netz an der Rücklehne des Sitzes vor Andy. Unsere Fahrkarten wurden auf der gesamten Fahrt nicht kontrolliert.

Kurz vor Berlin wachte Andy wieder auf. Sie zuckte in ihrem Sitz und öffnete die Augen; ihr Blick auf mich war verstört und ein wenig argwöhnisch, als wäre etwas nicht in Ordnung damit, dass ich immer noch neben ihr saß. Sie wandte sich ab, griff nach der Wasserflasche und trank, schüttete sich etwas Wasser ins Gesicht, strich sich die Haare zurück. »Ich habe schlecht geträumt«, sagte sie dann.

»Wovon?«, fragte ich. »Von verspäteten Zügen?«

»Nein«, sagte Andy. Sie lächelte nur kurz; mir schien, sie war noch nicht ganz da.

Bevor wir ausstiegen, gab ich Andy eine meiner Visitenkarten. Ein Freund hatte sie mir zum Geburtstag geschenkt, im Fünfzigerpack, mit der Bemerkung, wenn ich es schaffen würde, all diese Visitenkarten im Laufe des Jahres an den Mann zu bringen, sei meine Fortentwicklung und die meines Lebens gesichert. Nur mein Name stand darauf und in einer kleineren Schriftart, kursiv gesetzt, darunter: Theoretische Ärztin.

Für Andy kritzelte ich meine Telefonnummer auf die Rückseite, meine Handynummer und meine E-Mail-Adresse. »Es würde mich freuen«, sagte ich.

»Hat mich gefreut«, sagte sie, es war ein Wortwechsel ohne erkennbare Ironie. Ich sah Andy noch auf dem Bahnsteig, wie sie davonging, eine Tasche in jeder Hand, zielstrebig und als wäre sie schon viel weiter entfernt.

Als Andy mich anrief, sagte sie, sie wolle einen Termin mit mir ausmachen. Sie sagte: »Guten Tag« und nicht ihren Namen, sie fragte: »Sind denn überhaupt noch Termine frei, muss ich in Ihre Praxis kommen, oder machen Sie auch Krankenbesuche?«

»Andy?«, fragte ich, und sie antwortete, kurz und als wäre sie ein wenig verärgert: »Ja, ja, ich bins.« Erst nachdem wir aufgelegt hatten, fielen mir die guten Antworten ein, und in meinen Gedanken entsponnen sich ganze Dialoge rund um die Berufsbezeichnung »Theoretische Ärztin«.

Tatsächlich hatten die paar Menschen, denen ich seit meinem Geburtstag eine der Visitenkarten gegeben hatte, gleich einen Blick darauf geworfen und nachgefragt. Ich hatte meistens gesagt, es sei nur ein Witz, bevor ich erklärte, wie dieser Freund von mir und ich über ein Schild mit der Aufschrift »Praktischer Arzt« und über den Umweg »Unpraktischer Arzt« auf »Theoretischer Arzt« gekommen waren.

Ich behielt mir ein paar Sätze aus den ausgedachten Dialogen, um sie bei meinem Treffen mit Andy zu benutzen. Ich legte mir sogar etwas für die Begrüßung zurecht, eine Ärztephrase: Was fehlt Ihnen denn, wollte ich sagen, oder: Wo tuts denn weh?

Aber als Andy dann auf mich zukam, erkannte ich sie gar nicht. Erst, als sie vor mir stehen blieb, meinen Namen sagte und ihren. Andy hatte ein Base Cap auf und eine Fliegerbrille mit ungetönten Gläsern, ihre Brust war vollkommen flach, sie trug ein weißes Poloshirt, eine weite Hose und dicke Turnschuhe.

Ich schaute Andy ins Gesicht, und sehr kurz sah ich es, wie ich es in Erinnerung hatte. Dann kippte es wieder, und Andy stand vor mir als Junge, als sehr junger Mann. »Hallo«, sagte ich.

»Tag«, sagte Andy, und das war unsere Begrüßung. Andy nahm das Base Cap ab, strich sich die Haare ins Gesicht und zur Seite, schaute mich an, wie um zu schauen, ob ich auch schaute, grinste. »Tja«, sagte sie, und ich wusste nicht einmal, wie das gemeint war.

Es gelang mir nicht, noch einmal das Gesicht in ihrem Gesicht zu sehen, nicht, wenn ich es versuchte. Es schien manchmal auf, wenn Andy lächelte. Aber die meiste Zeit grinste sie nur. Wir saßen einander gegenüber, im Café am Ufer, auf dem Plateau am Kanal, und führten ein so belangloses Gespräch, dass ich mich später kaum noch an den Inhalt erinnern konnte. Wir sprachen darüber, wo wir wohnten. Dann über Orte in Berlin, die wir beide kannten. Dann kamen wir auf Kinos. Auf Kinofilme. Auf DVDs, auf DVD-Player. Zwischendurch schwiegen wir, und es war angenehm so.

Ich begleitete Andy zur U1 in dem sicheren Glauben, sie nur zur Bahn bringen zu wollen. Als wir nach einer der dreizehn Minuten Wartezeit anfingen, uns zu küssen, war ich darüber nicht mehr oder weniger erstaunt als über den gesamten Verlauf des Abends. Wir waren zu betrunken, um uns noch wirklich koordinieren zu können, und ich stieg nicht mit in die Bahn. Beim Nachhauselaufen schaute ich auf meine Füße, auf meine verschleppten Schritte und die Gehwegplatten, die sich unter mir verschoben.

Andy lud mich zu sich nach Hause ein; sie öffnete mir, ein Handtuch um den Körper geschlungen, mit strohig frottierten Haaren. Ich lag auf ihrem Bett, als sie das Handtuch wie achtlos auf den Boden fallen ließ, ich schaute ihr zu. Andy zog sich eine Männerunterhose an, hellblau und mit Eingriff, der, wie ich später feststellte, nur aufgesetzt war. Sie band sich ihre Brüste flach mit einer breiten hautfarbenen elastischen Bandage, sie presste die Lippen zusammen dabei. Sie zog sich Tennissocken an, Jeans, ein Shirt, die dicken Turnschuhe, und setzte zuletzt ihre Brille auf. »So«, sagte sie, kippte die Schultern nach vorne, steckte die Hände in die Hosentaschen, machte ein paar schlurfige Schritte auf mich zu, »fertig.«

Ich nickte. Andy sah nicht aus wie eine junge Frau in Männerkleidern, sondern wie ein sehr junger Mann, wie einer, der den Wachstumsschub seiner Pubertät immer noch nicht ganz verkraftet hatte und der nun mit einem zu langen und zu schlanken Körper zurechtkommen musste.

»Es gab eine Zeit, da dachte ich, Jungs haben es besser«, sagte Andy, als wolle sie mir damit etwas erklären.

»Haben sie es besser?«, fragte ich. Andy gab mir mit der flachen Hand einen Klaps auf den Hintern. »Aua«, sagte ich, und Andy, gleichzeitig: »Manchmal.«

Wir gingen nicht Hand in Hand, aber Andy legte den Arm um meine Schultern und steckte, später, ihre Hand in die Hintertasche meiner Jeans. Sie nannte mich Zucker und schaute anderen Frauen hinterher, sie saß breitbeinig auf den Barhockern der Stadt, lässig, mit einem Ellbogen auf der Theke, sie ging, tatsächlich, aufs Männerklo. In der Nacht sah ich die Abdrücke der Bandage auf Andys Haut.

Es war etwas Rätselhaftes in der Art, wie sie mich am nächsten Tag anschaute: aufmerksam, aber nicht eigentlich interessiert. Ein müder Forscherblick, dachte ich später. Einer, der keine Überraschungen erwartet. Ich dachte daran, wie es wäre, wenn ich nichts mehr von Andy hören würde. Wie wahrscheinlich das wäre: sehr.

Ein paar Tage später schickte sie mir eine E-Mail, eine Wegbeschreibung zu einem stillgelegten Freibad in der östlichen Stadtwildnis. Ich war nie dort gewesen, der Weg sollte über lange Strecken auf Schotter- und Waldwegen und an diversen Bauzäunen entlangführen. »Sehen wir uns am Samstag«, schrieb Andy am Ende der Mail, es war keine Frage.

Ich fuhr mit dem Rad, eine Dreiviertelstunde lang, und obwohl ich mich an Andys Beschreibung halten konnte, zweifelte ich, ob ich richtig war. Ich schwitzte und versuchte mir meinen Weg genau zu merken. Schließlich schloss ich mein Fahrrad am letzten Bauzaun an. Ich schlüpfte durch die Lücke im Zaun und ging noch ein Stück, auf vereinzelt hallende Stimmen und ein Gelächter zu.

Das Schwimmbecken war leer, und ein paar Leute saßen auf dem Beckenrand und ließen ihre Beine baumeln, andere saßen unten, mit dem Rücken an die Beckenwand gelehnt. Es gab kein Licht bis auf das von ein paar Kerzen, aber die Nacht war nicht dunkel, und die türkisen Fliesen des Schwimmbeckens leuchteten auf eine eigenartige, phosphoreszierende Weise.

Es gab keine Bar, nichts, alle waren mit ihren Bier- und Weinflaschen hergekommen wie in einen öffentlichen Park, nur die Stimmung war anders, leicht angespannt, wie auf einer heimlichen Versammlung oder als würde gleich noch etwas passieren. Ich hatte einen schwachen Geruch von Chlor in der Nase, den ich mir eigentlich nur einbilden konnte, und in dem Moment, als alles mir unheimlich wurde, sah ich Andy. Sie stand am anderen Beckenrand und winkte.

Ich sah schon an ihrem Winken, dass es die Andy vom Bahnsteig war. Es war ein großes aufmerksamkeitsforderndes Winken; Andy als Junge hätte, dachte ich, als ich das Becken umrundete, wohl nur kurz die Hand gehoben, wenn überhaupt.

Wir setzten uns nah an den Beckenrand. Andy hatte Weißwein mitgebracht, dessen Säure bei jedem Schluck ein dezentes Schütteln in mir auslöste. Ich fühlte mich unwohl. Es war die seltsame Atmosphäre, und dass Andy mich auf Abstand hielt. Sie hatte mich zur Begrüßung nicht umarmt, keinen Schritt auf mich zugemacht. Und es klang, als wollte sie einen Streit anfangen, als sie sagte: »Du hättest nicht gedacht, dass ich mich noch einmal bei dir melde.«

»Ich habe versucht, nicht darauf zu hoffen, dass du es tust«, sagte ich.

Andy lächelte; die Antwort schien ihr zu gefallen, aber sie änderte ihren Tonfall nicht. »Was glaubst du, wovon ich geträumt habe, als ich im Zug geschlafen habe?«, fragte sie. »Was glaubst du, wovon ich geträumt habe«, fragte sie, »wenn ich dir sage, dass ich nicht einmal geschlafen habe?«

»Aber du hast geschlafen«, sagte ich. Ich verstand nicht, worauf sie hinauswollte. Ob sie überhaupt auf irgendetwas hinauswollte oder nur noch einmal meine Reaktionen testen. »Du hast geschlafen und von verspäteten Zügen geträumt«, sagte ich, »das hab ich dir damals schon gesagt.« Andy sagte nichts mehr, sie wandte sich ab.

Ich schaute mich um. Die Leute im Becken, die Leute

am Rand; ich fragte mich, was sie alle dazu gebracht hatte, hierherzukommen. Es war, wie wenn ich manchmal an heißen Sommertagen ins Kino ging. Ich vermutete immer, ich würde die Einzige sein, und wenn das Kino dann doch ganz gut gefüllt war, musste ich daran denken, dass all diese Menschen sich entschieden hatten, an diesem Tag zu dieser Uhrzeit in dieses Kino zu gehen, um diesen Film anzuschauen, ganz genau wie ich. Und obwohl das normal war und eigentlich immer der Fall, wenn man irgendwo auf irgendwen traf, kam mir der Gedanke in solchen Momenten unendlich absurd vor.

Als am schmalen Beckenende, wo die Startblöcke standen, schließlich eine Streiterei losging, wirkte es auf mich zunächst wie eine Inszenierung; als sollte es nun das sein, worauf alle gewartet hatten. Zwei Typen hatten sich einander gegenüber aufgestellt und schrien sich an, sie waren beide so betrunken, dass ich kaum verstehen konnte, was sie sagten. Es waren die üblichen Schimpfwörter dabei, der eine schubste den anderen, der andere drohte mit der Faust.

Und ich wollte mich schon darauf freuen, eine dieser dämlichen blauen Schlägereien zu sehen, bei der die Hälfte danebenging und es nur Sekunden dauerte, bis beide Gegner am Boden lagen, um innerhalb weniger weiterer Sekunden in einen komaartigen Schlaf zu fallen. Aber als der eine den anderen heftiger stieß, gegen die Brust, sah ich den Typen rückwärtstaumeln. Wie er gegen einen Startblock lief, das Gleichgewicht verlor. Im Versuch, sich zu fangen, sich zum Becken hin drehte. Und wie er dann, für einen kurzen Moment kerzengerade stehend, nach vorne kippte und fiel.

Dann stand ich am Beckenrand und schaute hinunter; jemand war bei dem Typen und hatte ihn auf den Rücken gedreht. Er blutete, es war erstaunlich, wie wenig er blutete, nur aus der Nase, und der, der bei ihm kniete, schaute zu uns nach oben, als würde er auf weitere Anweisungen warten. Die Leute, die unten im Becken gesessen hatten, standen an die Wände gepresst, ihre Gesichter schimmerten, das Becken leuchtete, immer noch.

Ich hörte, wie irgendwo hinter mir jemand fassungslos »Oh Scheiße« sagte, und ich hörte, wie jemand anders mit schneidender Stimme wahrscheinlich in ein Handy hinein ganz genau erklärte, wo wir uns befanden, während eine Frau heulte: »Holt ihn doch aus dem Becken, holt ihn doch da unten raus!«

Andy stand neben mir, leicht vornübergebeugt, als wäre das Becken ein riesiger Schaukasten. Sie sah ein wenig angeekelt aus, aber vor allem fasziniert. Sie wandte sich um und musterte auch die heulende, fast vor dem Zusammenbruch stehende Frau.

Ich war mir nicht sicher gewesen, ob sie es ernst meinte, als Andy auf dem Bahnsteig von diesen Dingen sprach, an denen man nichts ändern kann. Erst jetzt kam mir der Gedanke, dass ich sie vielleicht einfach falsch verstanden hatte.

»Lass uns gehen«, sagte Andy, als die Sirenen vom Krankenwagen laut wurden. »Alles in Ordnung?«, fragte sie mich, und, als ich nicht antwortete, wie mit korrigierter Wortwahl: »Bist du okay?«

Ich nickte. Wir waren fast die Letzten, die das Freibad verließen; es musste, ohne dass ich es bemerkt hatte, eine Flucht stattgefunden haben, und nur die leeren Bier- und Weinflaschen bewiesen, dass viel mehr Leute da gewesen waren als die paar, die sich jetzt noch um den Typen unten im Becken scharten.

Andy fuhr mit ihrem Fahrrad vor mir her, sie fuhr ohne Licht und sehr schnell. Zwischen den Bäumen war es finster, und ich hatte Angst, dass Andy mir davonfahren, dass ich allein und ohne zu wissen, wie weiter, zurückbleiben könnte, aber ich fühlte, dass meine Angst, selbst gemessen an dieser Vorstellung, viel zu groß war und zu panisch auch.

»Wie siehst du denn aus?«, fragte Andy, als wir die Stadtstraßen erreicht hatten; sie schaute mich an, ich kannte den Blick. »Es war ein Unfall«, sagte sie, sanft, als wäre ich ein Kind, dem sie erklärte, dass die Monster aus den Träumen nicht wirklich existierten: »Ein Unglück. Es gab nichts, was wir hätten tun können.«

Ein Auto brauste an uns vorbei, und ich schaute, weil ich Andys Blick nicht länger aushalten wollte, den Rücklichtern hinterher. »Ich weiß«, sagte ich dann, »aber das macht es nicht besser, oder?«

Andy schüttelte den Kopf. Ich sah an ihrem Lächeln, dass sich das nicht auf meine Frage bezog. Sie belächelte mich, als hätte ich gerade eben einen typischen dummen Anfängerfehler gemacht. »Pass auf dich auf«, sagte sie. Es klang sachlich, wie ein ernst gemeinter Ratschlag.

In der Nacht dachte ich an die unzähligen Bilder vom Unfall, die all die Freibadbesucher mitgenommen hatten, wie ich, in die nächsten heißen Tage und die Wochen darauf. In den Tageszeitungen suchte ich nach einer Notiz zu dem Vorfall, aber ich fand nichts.

Es dauerte nicht lange, bis ich wieder eine meiner Visitenkarten loswurde, in einer ganz legalen Strandbar an der Spree und diesmal an einen Mann, zwischen dessen geöffneten Hemdknöpfen ich die dunklen Brusthaare wachsen sah.

»Theoretische Ärztin«, sagte er, »was heißt das denn?«

Ich dachte nicht lange nach. »Spezialistin für Phantomschmerzen«, sagte ich, »Behandlung von Phantomerektionen.«

»Wie bitte?«, sagte der Mann, und weil er mich offensichtlich ganz gut verstanden hatte, sagte ich nichts.

Ich sah, wie er die Visitenkarte umdrehte, die blanke

Rückseite anschaute, sie noch einmal umdrehte, wie um zu prüfen, ob er auf der Vorderseite etwas übersehen hatte, und mich dann, die Karte zwischen Daumen und Zeigefinger wedelnd, anschaute.

»Da steht ja nicht mal deine Nummer drauf«, sagte er.

»Richtig«, sagte ich und stützte meinen Ellbogen auf der Theke ab, lässig, wie ich es mir bei Andy abgeguckt hatte.

Noch.

Die Tür zu Toms Zimmer stand immer offen, selbst wenn er schlief. Auch die Tür zum Bad schloss er selten ab. Einmal, ganz am Anfang, kam ich herein, als er am Waschbecken stand. Ich entschuldigte mich, aber er sagte: »Nein, komm ruhig.«

Ich putzte mir die Zähne, während er sich das Gesicht wusch. Er trocknete sich sorgfältig ab, dann öffnete er eine Cremedose. Er setzte kleine, weiße Tupfer auf seine Wangen, die Stirn, die Nase und das Kinn. Über den Spiegel lächelte er mir zu.

Später standen wir oft so nebeneinander vor dem Spiegel, abends um halb zwölf, kurz bevor wir schlafen gingen. Ich mochte es, uns im Spiegel zu betrachten, als wären das gar nicht wir, sondern zwei fremde Personen.

Das Zimmer bei Tom war das erste Zimmer, das ich mir angeschaut hatte, und schon nach fünf Minuten – Tom hatte mir die Wohnung gezeigt, und ich stand in dem freien Zimmer am Fenster und schaute hinunter auf die Straße – sagte er: »Also, wenn du willst, kannst du hier einziehen.«

Ich drehte mich zu ihm um, er stand an den Türrahmen gelehnt, die Arme verschränkt, und schaute mich abwartend an. Ich fragte: »Hast du dir schon viele Leute angeguckt?«

»Nein«, sagte er.

Ich fragte: »Hast du Eile, das Zimmer loszuwerden?«

»Nein«, sagte er.

Meine Schwester und drei ihrer Freunde halfen mir beim Umzug. Tom war nicht da, als ich kam, es war ein Sonntag. Ich hörte ihn spät in der Nacht nach Hause kommen. Am nächsten Morgen, als ich zur Arbeit ging, schlief er noch.

Ich hatte in der Stadt eine Stelle als Hilfskraft in einem geisteswissenschaftlichen Institut angenommen. Dass die Arbeit völlig uninteressant sein würde, war mir schon vor dem Bewerbungsgespräch klar gewesen, aber es war bereits eine Weile her, dass ich mein Studium abgeschlossen hatte. Ich musste irgendetwas tun, und das Institut zahlte nicht schlecht.

Es war mein erster Tag. Die Sekretärin führte mich herum, sie zeigte mir ein Regal, in dem jeder Mitarbeiter ein Fach hatte, sie sagte: »So kommunizieren wir hier.« Sie lachte. Sie zeigte mir mein Büro, das Archiv, die Bibliothek und natürlich den Kopierer. Dann ließ sie mich neben den Zeitungen stehen und sagte: »Na dann, viel Spaß noch.«

Ich blätterte alle Zeitungen durch. Ich sollte mich auch

um das Archiv kümmern und suchte nach Artikeln, die auf irgendeine Weise mit dem Institut zu tun hatten, aber ich fand keinen. Auf dem Weg zu meinem Büro schaute ich in mein Regalfach, es war leer. Am Nachmittag rief der Institutsleiter mich an. Ich ging in sein Büro, trank einen Kaffee und sagte, bislang gefalle mir alles ganz gut.

Am Abend kam ich vor Tom heim. Ich ging in mein Zimmer und schloss die Tür hinter mir, ich setzte mich auf die Fensterbank und schaute hinaus, während es langsam dunkel wurde. Dann hörte ich Tom, er ging durch die Wohnung, ich hörte seine Musik und wie er manchmal mitpfiff. Ich hatte angefangen zu weinen, ich weiß nicht mehr, ob aus Erschöpfung, weil ich traurig war oder weil mir irgendetwas fehlte.

Tom klopfte nicht an. Er öffnete die Tür zu meinem Zimmer und kam herein. Er blieb kurz stehen. Er sagte: »Oh«, oder: »Ach je«, oder irgendetwas in der Art, dann setzte er sich zu mir, legte den Arm um mich und schaute in dieselbe Richtung, in die auch ich schaute, auf den Boden.

Nach einer Weile beruhigte ich mich wieder. Ich putzte mir die Nase und schaute Tom an, er saß da wie ein kleiner Junge mit krummem Rücken und baumelnden Beinen. Ich musste lächeln. Ich fragte: »Was war denn?«, und er sagte: »Ach, ich wollte eigentlich nur gucken, ob du da bist.«

In meinem Fach im Institut lagen Bücher, aus denen ich seitenlange Aufsätze kopieren oder Texte, die ich Korrektur lesen sollte. Wenn das Fach leer blieb, verbrachte ich ganze Tage in der Bibliothek. Ich las die Zeitungen, alle Schlagzeilen und dann noch das, was mich interessierte.

Oder ich saß in meinem Büro am Rechner und trainierte in Internetquizshows für den großen Gewinn. Ich trainierte so lange, bis ich alle Fragen kannte und bei der Eine-Millionen-Euro-Frage die falsche Antwort anklickte, nur weil ich die richtige wusste, nur weil ich es konnte.

Wenn ich abends heimkam, war ich oft so müde, dass ich mich sofort hätte schlafen legen können. Als ich Tom davon erzählte, sagte er, er habe von einer Studie gelesen, derzufolge Soldaten nach extrem langweiligen Märschen auch viel erschöpfter seien als nach extrem anstrengenden. Er arbeitete in einer Werbeagentur, die Kampagnen für kleinere Firmen machte. »Die wagen nichts«, sagte Tom, »es langweilt mich auch«, sagte er, »aber ich habe keine Lust, mir etwas Neues zu suchen.« Er sagte: »Noch.«

Tom und ich redeten über dies und das, aber wir erzählten uns wenig voneinander. Einmal fragte ich ihn, wer vor mir in dem Zimmer gewohnt hatte, und er sagte: »Meine Freundin.«

Er erzählte mir, dass sie schon vor einer Weile ausgezogen war und ihre Sachen da gelassen hatte. »Ich habe gedacht, vielleicht kommt sie zurück«, sagte Tom. Aber dann sei sie nur zurückgekommen, um ihre Sachen abzuholen und Tom zu sagen, dass sie die Miete nicht weiter bezahlen würde. »Und so sieht das aus«, sagte Tom.

Ich wiederholte: »Ja, so sieht das aus.«

»Und bei dir?«, fragte Tom.

»Ja, ganz ähnlich sieht das aus bei mir«, sagte ich, und weiter sprachen wir nicht darüber.

Wenn ich im Institut anderen Mitarbeitern begegnete, grüßten sie mich flüchtig, im Vorbeigehen. Jeder schien mit irgendetwas beschäftigt zu sein. Es gab keine Kantine, nicht einmal eine Teeküche, nur eine Nische mit einer Spüle im ersten Stock, aber ich traf auch dann niemanden dort an, nachdem ich einen Wasserkocher und Instantkaffee mitgebracht hatte. Ich ging über die Flure, alle Türen waren geschlossen und dahinter war nichts zu hören. Ich überlegte mir, irgendwo anzuklopfen, mich vorzustellen und zu sagen, dass ich zu wenig zu tun hätte. Dann ließ ich es bleiben.

Als ein Mitarbeiter Geburtstag hatte, lag auch dazu eine Mitteilung in allen Fächern; am Nachmittag würde es Sekt in seinem Büro geben. Ich wollte es für einen Scherz halten, aber als ich nach Hause ging, hörte ich tatsächlich hinter einer der verschlossenen Türen mehrere Stimmen und, als ich weiterging, ein Lachen.

Ohne uns abzusprechen, stimmten Tom und ich unsere Tagesabläufe aufeinander ab. Wir standen zur selben Zeit auf, und ich traf ihn in der Küche, wo er in seinem karierten Pyjama vor seinem Müsli und dem Kaffee saß, mit zerknautschtem Gesicht. Abends kam er nur wenig später als ich nach Hause, meistens brachte er etwas zu essen mit oder kochte für uns, und dann trafen wir uns gegen Mitternacht wieder, im Bad vor dem Spiegel.

An den Wochenenden ging Tom oft aus. Er brachte nie jemanden mit. Ich wachte auf, wenn er heimkam, und hörte ihn im Bad. Kurz bevor er schlafen ging, schaute Tom in mein Zimmer. Er öffnete die Tür sehr leise, und der Lichtschein vom Flur fiel auf mein Bett.

Irgendwann musste Tom gemerkt haben, dass ich wach lag. Seitdem sagte er immer etwas: »Ich bin wieder da«, oder: »Schlaf weiter«, oder einfach nur: »Gute Nacht.«

»Wie ist dein Mitbewohner?«, fragte meine Schwester mich. Ich telefonierte am Wochenende oft mit ihr, ich mochte es, wenn sie mir von ihren Geschichtchen erzählte, und ich mochte es nicht, wenn sie mich fragte: »Und bei dir?«, oder, ungeduldiger: »Bist du mal wieder ausgegangen?«

»Ist er heiß?«, fragte sie.

»Ja«, sagte ich, »auf eine Art schon.«

Meine Schwester gab einen kleinen, glücklichen Laut von sich, ein Jauchzen. »Na bitte«, sagte sie, »ran da!«

»Nein«, sagte ich, und: »Hör auf.«

»Aber du musst wirklich mal wieder«, sagte sie, und ich wiederholte: »Hör auf.«

Sie sagte: »Ich komme dich besuchen«, ich sagte: »Tu das«, und wir legten auf.

»Der ist ja wirklich heiß«, flüsterte sie mir zu, nachdem Tom sie begrüßt hatte, nachdem sie durch sein Zimmer spaziert war und Bücher aus seinem Regal gezogen hatte. »Das habe ich auch gelesen«, sagte sie, »was, das liest du?«, fragte sie. Tom saß an seinem Schreibtisch, zurückgelehnt im Stuhl, und grinste.

Wir gingen alle zusammen aus, in eine Bar und anschließend in einen Club. Meine Schwester betrank sich, riss die Augen weit auf und lachte sich halb tot über alles, was Tom sagte. Dann tanzte sie, wie sie eben tanzen kann; sie machte alles so, wie sie es sonst auch macht, aber Tom blieb neben mir am Rand der Tanzfläche stehen. Auch auf der Taxifahrt nach Hause saßen wir auf der Rückbank, und meine Schwester saß vorne neben dem Fahrer und redete in einem fort.

Vier Monate lang ging ich täglich zum Institut, dann, eines Morgens, blieb ich davor stehen und dachte: Nein. Das war alles, was ich dachte, nein, dann drehte ich mich um und ging zurück nach Hause. Am nächsten Tag ging ich wieder hin, in der Woche darauf blieb ich einen Tag weg, dann einmal jeden zweiten, ich dachte daran, mir eine ganze Woche freizunehmen.

Ich sagte Tom nichts davon, morgens ging ich mit ihm zusammen aus dem Haus. Dann streifte ich durch die Stadt, ich ging in die Museen und die Kirchen und schaute mir endlich alles an, was man sich anschauen konnte. Oder ich ging wieder zurück in die Wohnung, in mein Zimmer. Ich las, oder ich saß auf der Fensterbank und schaute hinunter auf die Straße. Nachmittags schien die Sonne durch das Fenster, und ich lag auf dem Boden in dem Viereck aus Licht.

Ein paar Wochen lang ging alles gut. Dann rief der Institutsleiter mich an und fragte vorsichtig, ob ich krank sei. »Nein«, sagte ich, »ich dachte nur, es merkt keiner, wenn ich fehle.« Wir verabredeten uns für den nächsten Tag in seinem Büro.

Das Gespräch verlief sehr freundlich. »Ich weiß, es ist schwierig, sich bei uns im Haus wohlzufühlen«, sagte der Leiter und kündigte mir. Ich ging noch einmal in mein Büro, um nachzuschauen, ob ich noch irgendwelche Sachen dort hatte. In der obersten Schreibtischschublade fand ich eine Packung Briefklammern, die ich mitnahm, dann holte ich den Wasserkocher und den Kaffee und verließ das Institut.

Als ich Tom am Abend von der Kündigung erzählte, schaute er mich ein wenig fassungslos an, erst grinste er und schüttelte den Kopf, dann packte er mich an den Schultern und schüttelte mich.

»Und was hast du jetzt vor?«, fragte er.

Ich zuckte mit den Schultern. »Mir was Neues suchen«, sagte ich, »eine neue Stelle, in einer neuen Stadt.«

»Schade«, sagte Tom.

Ich nickte, und dann machte ich es so.

Ein halbes Jahr später rief ich Tom an. Ich sagte, ich hätte einen Termin in der Stadt. Ich hatte keinen, und als Tom und ich uns trafen, fragte er auch nicht danach. Wir hatten uns in einem Café verabredet. Als ich kam, saß Tom schon da, an einem der Tische, die draußen standen.

Wir tranken Kaffee und redeten wenig. Ich schaute mir Tom an, und Tom schaute auf seine Tasse oder die Straße und tat so, als würde er meinen Blick nicht bemerken. Dann schaute ich auf die Straße oder meine Tasse und Tom schaute mich an, und so wechselten wir uns ab.

»Wer wohnt jetzt in dem Zimmer?«, fragte ich nach einer Weile, und Tom sagte: »Das Zimmer steht leer.«

Als ich mich schließlich umdrehte, um den Kellner herzuwinken, sah ich unser Spiegelbild in der großen Fensterscheibe des Cafés. Tom schaute mich an. Dann wandte auch er sich um, und über unsere Spiegelbilder lächelten wir einander zu.

Jugendzentrum

Kurz bevor wir losgingen, erzählte Jockel mir etwas, das einem Freund von ihm passiert war. »Rainer«, sagte er. »Rainer ist neulich tanzen gegangen, seit zweihundert Jahren mal wieder. Alleine, klar. Also Rainer«, sagte er, »Rainer stellt sich erst mal an die Bar, kommen gleich so zwei Mädels, stellen sich neben den, sagt das eine zum anderen: Ach guck, jetzt kommen sie schon zum Sterben hierher.«

Er lachte, und ich ließ mich davon anstecken. Nachdem Iris schlafen gegangen war, hatten Jockel und ich drei Flaschen Rotwein getrunken, hatten Comedyshows geschaut auf dem fenstergroßen Flachbildschirmfernseher, und Jockel war dabei albern und unruhig geworden. Er band sich die Schuhe zu und schwankte, als er sich wieder aufrichtete. »Jetzt aber wirklich los«, flüsterte er.

Wir waren fast schon draußen, als wir Iris noch hörten. »Geht ihr?«, fragte sie, es klang vorwurfsvoll, als hätten wir versprochen, ihr vorher Bescheid zu sagen. Sie stand in der Schlafzimmertür, und ihr Gesicht war ganz weich, mit einem Abdruck von einer Kissenfalte auf der Wange.

»Nur noch kurz ins Juz«, sagte Jockel.

Iris nickte. »Viel Spaß«, sagte sie, und ich wollte sagen: Komm doch mit, aber Iris gähnte schon wieder.

»Ich bring dich noch mal ins Bett«, sagte Jockel und verschwand mit ihr hinter der Tür. Ich hörte das Federbett rascheln, und dann eine kurze Zeit lang nichts.

Iris' Augen hatten getränt vor Müdigkeit, als sie früher am Abend noch mit uns zusammengesessen hatte. Sie hatte schon am Bahnhof müde ausgesehen, müde und alt, das waren meine ersten beiden Eindrücke. Dann hatte ich an Computersimulationen denken müssen, mit denen Kindergesichter als erwachsen dargestellt werden können. Iris schien geradezu vorschriftsgemäß gealtert zu sein, ihr Gesicht war schmaler geworden, alle Linien klarer.

Jockel stand schon auf dem Bahnsteig neben ihr. Es war Iris' Vorschlag gewesen, ihn zu unserem Treffen einzuladen, und ich hatte es nicht geschafft zu sagen, dass es mir gar nicht um irgendwelche Zusammenhänge von früher ging, sondern darum, Iris in ihrem Leben zu besuchen. Sie hatte ohnehin deutlich gemacht, dass sie das nicht wollte.

»Ich will eigentlich nicht, dass das Kind da ist, wenn wir uns wiedersehen«, hatte sie gesagt. Von Jockel wusste ich, dass sie immer über »das Kind« sprach, so, wie sie früher über ihre Fotografien immer als »die Kunst« gesprochen hatte, als wollte sie mit einer Art ironischer Überhöhung verbergen, wie wichtig es ihr eigentlich war.

Im Auto, auf dem Weg vom Bahnhof zu ihr nach Hause, sagte sie, dass ihr Mann mit dem Kind über das Wochenende zu seinen Eltern fahren würde. Sie warteten noch auf uns, um sich zu verabschieden. Iris' Mann klopfte Jockel kumpelhaft auf die Schulter, mir gab er die Hand. Wir hatten uns zuletzt auf der Hochzeit gesehen, und sein kräftiger Händedruck hatte sich seitdem nicht geändert, auch nicht sein breites Lächeln, das Jockel ›amerikanisch‹ genannt hatte.

Iris' Kind, ein Junge und blond wie sie, blieb auf der Schwelle zur Küche stehen, gegen den Türrahmen gedrückt, bis Iris es auf den Arm nahm. Sie verabschiedete sich auf dem Flur von ihm und ihrem Mann, ich konnte hören, wie ihr Mann »Ich liebe dich« sagte, und Jockel sagte laut: »Ich koch schon mal Kaffee«, wie um Iris' Antwort zu übertönen.

So, wie er die Kaffeemaschine bediente, Schubladen und Schränke öffnete, schien er sich in der Küche bestens auszukennen. Sein Blick auf Iris, als sie zu uns zurückkam, war besorgt. Er strich ihr über den Rücken, und sie verharrte kurz, als wollte sie sich ihm gerne zuwenden, seiner angedeuteten Umarmung. Aber dann setzte sie sich zu mir.

»Hast du Zigaretten?«, fragte sie. Ich nickte. Ich hatte mir, bevor ich in den Zug gestiegen war, eine Packung gekauft, die erste seit Jahren. Ich gab Iris Feuer, dann steckte ich mir eine an. »Widerlich«, sagte Iris nach dem ersten

Zug. Auch mir schmeckte es nicht. Wir rauchten weiter, Iris mit den tiefen, langen Zügen, die sie sich erst kurz vor dem Abitur angewöhnt hatte.

Jockel hatte mich immer auf dem Laufenden gehalten, was Iris anging, und deswegen wusste ich, dass wir in einer Designerküche saßen, dass Iris und ihr Mann für die Einrichtung der gesamten Wohnung einen Innenarchitekten beauftragt hatten. »Unglaublich bonzig«, hatte Jockel gesagt, als er mir die Wohnung beschrieben hatte, und nach meinen ersten Eindrücken traf es das sehr genau. Selbst das Kinderspielzeug, das ich im Wohnzimmer auf dem Boden hatte liegen sehen, wirkte wie hindekoriert.

Ich wusste, dass das Kind schon dreimal die Kita gewechselt hatte, weil es sich nirgends wohlfühlte, dass es lieber mit Fantasiefreunden spielte als mit echten, dass es von einem gekochten Ei nur das Eigelb essen mochte. »Das volle Verwöhnprogramm«, hatte Jockel gesagt. Er behielt bei allem, was er über Iris sagte, einen leichten Lästertonfall bei, in dem ich nur über Leute gesprochen hätte, die ich kaum kannte oder nicht mochte. »Red doch nicht so«, hatte ich am Anfang einmal gesagt, und Jockel hatte gefragt: »Wie denn sonst?«

Ich hatte Jockel nicht gefragt, ob Iris ähnlich umfassend über mein Leben informiert war. Ich hatte gedacht, dass wir ganz einfach anfangen würden, darüber zu reden, wie es ging und was man inzwischen machte, so, wie es bei einem Klassentreffen der Fall wäre oder bei einer ganz zufälligen Begegnung. Aber Iris sagte nichts.

»Wie geht es dir?«, fragte ich, obwohl ich das schon auf dem Bahnhof gefragt und Iris »gut« gesagt hatte. Sie rührte in ihrem Kaffee, langsam und gleichmäßig, und schaute auf den Strudel, der sich in der Mitte der Tasse bildete. »Ich bin müde«, sagte sie. »Todmüde.«

Das Wort prallte gegen die metallicmatten Oberflächen der Küche, verlor jeden Ausdruck in der Stille danach, und ich spürte leichte Panik in mir aufsteigen, während ich überlegte, wie ich reagieren sollte. Auf dem Flur hatte ich Familienfotos hängen sehen, die in wechselnden Konstellationen das Kind, Iris und ihren Mann zeigten, und ich hatte an meine Wohnung gedacht, in der immer noch ein Foto von Jockel, Iris und mir hing.

Es war ein Schnappschuss, für den Iris die Kamera auf Armlänge von uns entfernt gehalten hatte, während wir uns zusammendrängten, Wange an Wange. Iris hatte früher fast immer ihre Kamera dabei gehabt. Es gab Fotos von uns, wie wir auf dem Schulhof standen, mit unseren Ledermappen unter dem Arm und Zigarette in der Hand, oder wie wir im Park lagen, Jockel am Grill, und eine ganze Reihe von Tanzfotos, unsere verschwitzten Gesichter, die betrunkenen Augen.

Manchmal hatten Jockel und ich Iris die Kamera abgenommen, aber man konnte den Bildern von ihr ansehen, dass sie gleich aus dem Blickfeld verschwinden würde, mit den Händen vor dem Gesicht oder grimassierend. Nach dem Abitur hatte Iris mir eine Box geschenkt, randvoll mit ungeordneten, unbeschrifteten Abzügen. Es war mir damals so vorgekommen, als gäbe sie mir nach einer Trennung meine Sachen zurück.

Ich hatte die Box vor diesem Treffen noch einmal geöffnet und schnell wieder weggelegt. Es war der Blick in unsere Gesichter von früher, die ich so nicht in Erinnerung hatte, und zu deren Ausdruck mir keine passenderen Bezeichnungen einfielen als unbedarft und hoffnungsfroh.

»Ich habe mir neulich die Fotos noch mal angeguckt, die du von uns gemacht hast«, sagte ich.

»Die hast du aufbewahrt«, sagte Iris.

»Klar«, sagte ich, »du nicht?«

»Doch, irgendwo müssten sie noch sein«, sagte sie. Dann gähnte sie, und es klang, als läge ein stundenlanges Gespräch mit Erinnerungen an früher hinter uns, das sie endlich abschließen wollte, als sie hinzufügte: »Ach ja, die alten Zeiten.«

Jockel schaute mich an, mit hochgezogenen Augenbrauen: Siehst du, sagte sein Blick. »Ich bezweifle einfach, dass dieses Treffen so wird, wie du es dir vorstellst«, hatte er vorher noch zu mir gesagt.

»Woher willst du denn wissen, wie ich es mir vorstelle«, hatte ich gesagt, und er: »Schon gut.« Erst ganz am

Ende des Gesprächs hatte er, wie aus dem Zusammenhang gerissen, hinzugefügt: »Du holst Iris nicht zurück. Und sie lässt dich auch nicht rein.«

Unterwegs erzählte Jockel mir noch mehr von Rainer, aber ich hörte nicht richtig zu. Jockel hatte sich angewöhnt, Unterhaltungen mit Geschichten, die Freunden von ihm passiert waren, zu bestreiten, und manchmal musste ich ihn unterbrechen, um zu fragen, wie es ihm selbst denn in letzter Zeit ergangen war.

Ich beobachtete unsere Schatten, die vom Licht der Laternen auf den Gehweg geworfen wurden und uns umkreisten. Wir gingen hinunter ins Tal und dann eine Weile am Fluss entlang, der abgezäunt von der Straße und meterweit tiefer durch die Stadt strömte. Es war einer unserer alten Wege, und der faulige Flussgeruch war immer noch derselbe.

Früher waren wir immer zu dritt ins Juz gegangen, auch dann noch, als unsere Mitschüler an den Wochenenden in die nächstgrößeren Städte oder zu den Großraumdiscos ins Umland fuhren. Gemessen am restlichen Publikum waren wir schon zu Abiturzeiten zu alt fürs Juz gewesen, aber aus Gründen, die mir inzwischen nicht mehr klar waren, hatte uns genau das gefallen.

Es war kurz nach zwölf, als wir ankamen, und die Tanzfläche schon voll. Jockel gab dem Türsteher die Hand, wir mussten keinen Eintritt zahlen. »Ich geh immer hierhin, wenn ich Iris besuche«, sagte Jockel und winkte auch den Menschen hinter dem Tresen zu.

»Und kommt Iris manchmal mit?«, fragte ich.

»Nie«, sagte er, »aber ich muss dann einfach immer noch mal raus.«

»Verständlich«, sagte ich, »diese Wohnung ist ja furchtbar.«

»Diese Wohnung ist furchtbar«, wiederholte Jockel, »und das Leben, das Iris lebt, auch.«

Er stand mit beiden Händen an den Tresenrand gestützt und schaute mich an, und ich war mir nicht sicher, ob auch die zweite Hälfte des Satzes als Wiederholung von etwas, das ich einmal gesagt hatte, gemeint war, oder ob Jockel genauso dachte. Er federte gegen den Tresen, zwei-, dreimal, dann stieß er sich ab. »Ich geh tanzen«, sagte er.

Ich blieb am Tresen sitzen. Die Jugendlichen, die mich umgaben, waren vielleicht halb so alt wie ich, und alles an ihnen glitzerte und glänzte, die Kleidung, die Gesichter, das Gel im Haar. Ihre Blicke glitten an mir ab, ohne Interesse, aber auch ohne Abwehr, und ich versuchte nicht daran zu denken, wie ich in ihrem Alter mich jetzt angeschaut hätte.

Noch zu Abiturzeiten hatte ich sehr ernsthafte Vorstellungen davon gehabt, wie es weitergehen würde, dass ich an die Uni gehen, einen Beruf ergreifen, einen Mann finden und eine Familie gründen würde. Inzwischen hätte ich all das eigentlich schon erreicht haben müssen. Aber es war nicht mein, sondern Iris' Leben, das meinen damaligen Vorstellungen am ehesten entsprach.

Sie hatte geheiratet, nachdem sie ihre Ausbildung zur Fotografin abgeschlossen hatte, und war in die Stadt zurückgezogen, aus der wir kamen. Ihr Mann verdiente genug, dass Iris nicht arbeiten musste, und sie hatte das auch nicht vor, sie wollte ein Kind.

»Ich habe nicht den Eindruck, dass du zufrieden bist«, hatte ich zu Iris gesagt, bevor wir dann aufgehört hatten, miteinander zu telefonieren, »sondern dass du dich zufrieden gibst.« Es war der einzige Satz, den ich mir vorher überlegt hatte, und als ich ihn aussprach, klang er wie ein Vorwurf. Dabei hatte ich, dachte ich während des Telefonats noch, ihr nur sagen wollen, dass ich mir Sorgen um sie machte, und später dann, dass das vielleicht so auch nicht ganz stimmte.

»Das ist jetzt eben das, wofür ich mich entschieden habe«, hatte Iris geantwortet, »für meinen Mann und für ein Kind, und da ist auch noch Platz für die Kunst.« Es war, als würde sie das mit einem kleinen Lächeln sagen und als Zitat: »Die Kunst«, so, wie sie es früher gesagt hatte, viel zu groß dahingestellt für das, was es ihr inzwischen noch bedeuten mochte.

Über ein Jahr später kam die Post mit den Babyfotos, und von Jockel erfuhr ich, dass er Patenonkel geworden war.

Noch immer hallte Iris' »Todmüde« in mir nach, wie reglos sie das gesagt hatte, als hätte sie ihren Zustand nur möglichst exakt beschreiben wollen. Der Musikstil wechselte alle zwanzig Minuten, und Jockel bewegte sich am Rand der Tanzfläche. Es war Jahre her, dass wir miteinander getanzt hatten. Wir sahen uns nicht mehr häufig, und obwohl wir regelmäßig telefonierten, redeten wir längst auch nicht mehr wie früher miteinander, nicht mehr über alles. Es war mir nur wichtig zu wissen, dass es ihm gut ging. Zumindest wünschte ich ihm das.

Aber wenn ich genauer darüber nachdachte, wünschte ich das auch den Kindergärtnerinnen, die ganz früher stundenlang Schnipp Schnapp mit mir gespielt hatten, oder den Menschen, die ich einen Abend lang geküsst hatte, selbst denen, die mir in einer fremden Stadt den Weg erklärt oder im Café einen liegen gelassenen Schirm für mich aufbewahrt hatten.

Jockel tanzte, bis das Licht wieder anging, dann kam er zu mir zurück. Er stellte sich nah an meinen Barhocker und umarmte mich, sein T-Shirt war durchgeschwitzt. Er gab mir einen Kuss auf den Mund, seine Lippen blieben geschlossen und fest.

»Was machen wir denn jetzt mit Iris?«, fragte ich auf dem Heimweg.

»Nichts«, sagte Jockel, und ich wusste nicht, ob er die

aktuelle Uhrzeit meinte oder die gesamte Lage, als er noch hinzufügte: »Es ist zu spät.«

Zurück bei Iris ging ich gleich ins Bad und putzte mir die Zähne, der Schaum, den ich ausspuckte, war violett verfärbt vom Wein. Ich erwartete, Jockel schon im Bett liegen zu sehen im Gästezimmer, alle Viere von sich, niedergestreckt, aber das Zimmer war dunkel und leer.

Jockel lag, so wie ich es mir vorgestellt hatte, bei Iris im Bett, sie lag zusammengerollt auf der Seite. Ich setzte mich zu ihr auf die Kante und drückte sanft gegen ihre Schulter, wie um ihr Anschub zu geben. Und ich war mir nicht mehr sicher, ob sie schlief, als sie sich dann von mir weg- und zu Jockel hindrehte, auf seinen Arm und, weil Jockel sich ihr zuwandte, in seine Arme.

Spazieren

Judiths Blick auf mich war, als würde sie sich Witze über mich ausdenken. Aber sie schaute mich selten an. Meistens schien sie, während ich erzählte, ganz versunken in die Betrachtung des vor uns liegenden Weges. Sie wandelte mehr als dass sie lief, mit langsamen Schritten und verschränkten Armen, und ich ging neben ihr her.

Wir liefen am Spreeufer entlang Richtung Treptow, zur Insel der Jugend und in den Plänterwald. Judith kannte eine Stelle, an der der Zaun zum stillgelegten Vergnügungspark durchbrochen war. Dort legten wir unsere Pausen ein, zwischen den auf dem Trockenen liegenden Tretbootschwänen, in der untersten Gondel des morschen Riesenrads.

»Ruf Judith mal an«, hatte meine Mutter gesagt, »vielleicht kann sie dir helfen.«

»Helfen?«, hatte ich gefragt, aber meine Mutter hatte das Wort nur auch noch einmal wiederholt, als wäre das Erklärung genug. Und schließlich war es Judith gewesen, die mich anrief.

»Deine Mutter macht sich große Sorgen um dich«,

sagte sie; ihr spöttischer Tonfall erinnerte mich gleich an ihren ersten Blick auf mich.

Ich hatte Judith erst einmal getroffen, als ich zehn gewesen war oder elf. Sie saß neben meiner Mutter im Wohnzimmer, als ich mittags aus der Schule kam, und anstatt etwas zu sagen, hatte sie die Hand nach mir ausgestreckt. Nicht so, als wolle sie meine nehmen und schütteln, sondern so, wie man seine Hand einem zutraulich wirkenden Hund hinhält, damit er sie beschnuppern und, bei Sympathie, vielleicht ablecken kann.

Und als ich »Hallo« sagte, schaute sie mich an, als hätte ich gerade ein besonders cleveres kleines Kunststück vollführt, eins, das sie mir nicht zugetraut hätte.

»Hallo«, sagte sie, »ich bin Judith, und wer bist du?«

Ich erinnerte mich auch gut an ihr Lachen, das immer so geklungen hatte, als lache sie jemanden aus, und wie mein Vater dazu die Augen verdreht hatte. Später hatte meine Mutter mir erzählt, dass sie mit Judith schon befreundet gewesen war, als sie meinen Vater kennengelernt hatte, und dass er und Judith sich nie hatten leiden können.

»Warum?«, fragte ich.

Meine Mutter zuckte mit den Schultern. »Judith hat mir damals vorausgesagt, dass ich so enden werde«, sagte sie, und auch das hatte ich nicht vergessen.

»Wie ist es, wollen wir spazieren gehen«, sagte Judith am Telefon. »Ich denke doch, dass das geht?«

»Ja«, sagte ich. Es war inzwischen zwei Monate her, dass der Junge, dem ich hinterhergezogen war, sich von mir getrennt hatte, und ich hatte die Wohnung zuletzt nur noch verlassen, um zum Supermarkt zu gehen oder ins Kino.

Ich erzählte Judith beim ersten Spaziergang von der jungen Mutter, die immer vor dem Supermarkt stand und bettelte, nur mit ihrem Blick, der mich auch dann traf, wenn ich versuchte, sie zu ignorieren. Erzählte von dem türkischen Jungen, der auf seinen Vater eingeredet und wie ich dabei nur ein Wort verstanden hatte: Ungezieferspray. Der Junge hatte es aufgeregt wiederholt, eine Dose aus dem Angebot in der Hand.

Dann erzählte ich, wie ich neulich meinen vollgepackten Einkaufswagen kurz vor der Kasse hatte stehen lassen, weil ich plötzlich Angst vor dem Zustand bekommen hatte, für diese Lebensmittel bezahlt zu haben. »Und dass ich dann verantwortlich für sie bin«, sagte ich, »und auf so Sachen achten muss wie dass die Käsescheiben nicht austrocknen, wenn ich die Packung geöffnet habe, dass das Obst nicht vergammelt. Als wäre es schlimm für die Sachen, weggeworfen zu werden. Wie in diesem Märchen, wo das Brot aus dem Ofen schreit, dass ihm so heiß ist und es gleich verbrennt.«

Judith lachte nicht. Sie lachte nie, obwohl sie oft so

aussah, als wäre sie kurz davor, und ich bei vielem, was ich ihr erzählte, dachte, es müsse ihr albern vorkommen. Aber wenn sie mich anschaute, schien sie weniger amüsiert von den Gedanken, die ich mir machte, als von denen, die sie sich über mich machte.

Sie kam mir viel weicher vor als früher, nicht dicker, sondern so, als hätte sie an Kontur verloren. Die Fältchen rund um ihren Mund und ihre Augen waren fein und so knitterig wie auf Papier, das man immer noch würde glattstreichen können.

Sie sagte nichts, und sie unterbrach mich nicht, als ich von dem einen Märchen auf andere kam, die ich mochte, auf Kinderbücher, dann darauf, dass das Wort »Kindergarten« in jeder Sprache existierte. Ich folgte meinen Assoziationen wie verschiedenen Wegen in einem Irrgarten, wahllos, orientierungslos und ohne dass ich aus ihnen herausfand.

»Triffst du dich mit Judith?«, fragte meine Mutter mich am Telefon.

»Ja«, sagte ich, »wir gehen spazieren.«

Diesmal war sie es, die nachfragte: »Spazieren?«

»Ja«, sagte ich, »sie geht ganz langsam und sagt nie was, und ich gehe einfach neben ihr her und erzähle ihr alles Mögliche.« Obwohl es so war, schien es mir nicht ganz zu stimmen. »Ich habe das Gefühl, ich kann ihr alles erzählen«, fügte ich noch hinzu, aber auch das traf es nicht.

Es gab vieles, was ich Judith nicht erzählte; Dinge, die den Jungen betrafen, wie es war, an ihn zu denken. Lieber fasste ich Filmhandlungen zusammen oder versuchte die Frage zu klären, wie man die Sicherung eines bedingungslosen Grundeinkommens bewerkstelligen könnte.

Ich redete so lange, bis meine Stimme in meinen eigenen Ohren klang wie die einer Fremden, und wenn ich dann davon sprach, dass ich eigentlich überhaupt nicht wusste, wie es weitergehen sollte, schien auch das nichts mehr mit mir zu tun zu haben.

Und Judith sagte selbst darauf nichts. »Es ist gut«, sagte sie nur manchmal, wenn sie sich von mir verabschiedete. Aber das war keine Antwort, keine Aussage, sondern lediglich eine Formel, wie um eine Audienz zu beenden. Es gab immer noch mehr, was ich ihr hätte erzählen können, und ich wäre ihr am liebsten gefolgt, hoch in ihre Wohnung, auf das Sofa oder unter den Tisch; ganz das Hündchen, dachte ich später, auf das sie hatte zugehen wollen, als sie mich das erste Mal gesehen hatte.

»Und gehst du auch zur Uni?«, fragte meine Mutter.

»Nein«, sagte ich, »ich war da nicht ein einziges Mal. Ich glaube auch nicht, dass ich das noch tun werde. Wahrscheinlich ist es das Beste, ich ziehe einfach wieder zurück.«

»Das denke ich auch«, sagte meine Mutter. Sie klang beruhigt, und wir legten bald auf.

Ich blieb noch eine Weile sitzen, mit dem Telefon in

der Hand, und versuchte mir klarzumachen, dass ich eben eine Entscheidung gefällt hatte.

Ich dachte an Judith, ich hatte ihr Gesicht ganz genau vor mir, wie sie mich anschaute, bei der Begrüßung, beim Abschied, in unseren Pausen und sehr selten auch zwischendurch. Immer so, als würde sie darauf warten, dass mir derselbe Witz einfallen würde wie ihr und wir gemeinsam darüber lachen könnten.

Wie um etwas nachzuholen, erzählte ich Judith bei unserem letzten Spaziergang von dem Jungen. Dass ich mir schon vorgestellt hatte, wie es wäre, irgendwann eine Familie mit ihm zu gründen, und wie lächerlich mir das inzwischen vorkam. Ich hatte mir sogar Namen überlegt für die gemeinsamen Kinder, und ich sagte, dass ich die jetzt verwerfen würde, um mit dem nächsten Mann von Grund auf neu starten zu können.

Ich hätte gerne an diesem Gedanken festgehalten wie an meiner Entscheidung, wieder wegzuziehen. Aber ich hätte genauso gut erzählen können, wie sicher ich mir war, dass der Junge mich immer noch liebte. Auch das war bloß ein Weg zu denken, und wie alle anderen führte er mich nirgendwohin.

»Was ist eigentlich mit dir?«, fragte ich Judith. »Wolltest du nie Kinder?«

Judith schaute mich an. Sie sah aus, als hätte sie nie etwas Witzigeres gesehen als mein Gesicht in diesem

Moment, und ich kam mir bescheuert vor mit meinem Versuch, von mir selber abzulenken.

»Deine Mutter hat dir nie was gesagt, oder?«, fragte sie.

»Was meinst du?«, fragte ich.

»Dass ich mich nicht für Männer interessiere?«, sagte sie. »Oder dass ich in deine Mutter verliebt war, das hat sie dir nie gesagt? Dass wir zusammen waren, als deine Mutter deinen Vater getroffen hat, und noch eine ganze Weile darüber hinaus?«

»Nein«, sagte ich.

Auch später konnte ich mich nicht daran erinnern, dass meine Mutter mir so etwas angedeutet hätte. Nach dem einen Mal war Judith uns nie wieder besuchen gekommen, und obwohl meine Mutter ab und zu mit ihr telefonierte, war sie auch nie wieder ein Thema gewesen.

Sie hatte meiner Mutter gesagt, dass sie so enden würde, wie sie geendet war, und ich hatte nie weiter gedacht als bis dahin. Als wäre ich in meinem Irrgarten vor einer Wand stehen geblieben wie am Ende einer Sackgasse, als hätte ich einfach nicht bemerkt, dass der Weg dort nur abbog. Es kam mir in diesem Moment so vor, als würde ich sehr oft in solche Sackgassen hineindenken, in scheinbare Sackgassen, egal, worum es ging.

»Nein«, wiederholte ich, »das hat sie mir nie gesagt«, und Judith sagte: »Nun, dann weißt du es jetzt.« Sie strich mir über den Rücken, wie um mich über eine Niederlage hinwegzutrösten. »Wir waren in deinem Alter, als wir uns kennengelernt haben«, sagte sie noch. »Im Sommer, im Freibad. Deine Mutter konnte perfekte gerade Kerzen springen, vom Fünfmeterbrett. Ich war gleich in sie verliebt.«

»Und dann?«, fragte ich.

»Tja, dann«, Judith lächelte. »Es war eine schöne Zeit.«

»Und später?«

»Nichts mehr«, sagte sie.

»Ich meine, du hast sie besucht –«

»Nein, nichts mehr«, sagte sie, und dann, wie in einem neuen Anlauf: »Du ähnelst deiner Mutter kaum, wie sie damals war. Sicher, sie war auch keine, die dumm sterben wollte. Aber ansonsten erinnerst du mich viel mehr an mich selber in der Zeit. Das ist schon lustig«, sagte sie, wie um mir einen der Witze, an die sie andauernd denken musste, endlich doch noch zu erklären, »findest du nicht?«

Auch nachdem ich zurückgezogen war, ging ich oft spazieren. Ich lief durch den Auenwald bis zum See, der doch nur ein riesiges geflutetes Baggerloch war, der Sandstrand musste jeden Sommer neu aufgeschüttet werden. Am gegenüberliegenden Ufer war vor ein paar Jahren ein Vergnügungspark eröffnet worden, und ich sah die Spitze der Pyramide, deren Wildwasserbahn eine der Attraktionen war.

Monate später dachte ich an die Zeit unserer gemeinsamen Spaziergänge zurück wie an eine Prüfung, die ich nicht bestanden, eine Chance, die ich nicht richtig genutzt hatte. Ich fand weder zurück in Judiths Tempo noch in den Irrgarten meiner Gedanken. Meine Mutter lächelte, als ich sie schließlich auf Judith ansprach, als erinnere auch sie sich nur an eine schöne Zeit. »Ich habe mir gedacht, dass sie dir davon erzählt«, sagte sie. »Warst du sehr überrascht?«

Pärchenabend

Es gibt doch diese Menschen«, sagte Inga, »die mit so einem stieren Blick durch die Straßen laufen. Die so verwahrlost aussehen. Nicht von außen«, sagte sie, »sondern innerlich. Denen sieht man an, dass sie schon lange nichts mehr richtig gefühlt haben. Und du«, sagte sie, »siehst immer mehr aus wie einer von denen. Jedes Mal, wenn ich dich sehe.«

»Jetzt?«, fragte ich.

»Ja, jetzt«, sagte sie, ohne mich anzuschauen.

Wir saßen am Abendbrottisch, und Inga schob mit der Spitze des Zeigefingers die Krümel auf ihrem Teller zusammen. Ich sagte nichts. Es war nicht das erste Mal, dass Inga mir vorwarf, immer abgestumpfter zu werden, und ich hatte nie etwas dazu gesagt.

»Nächsten Freitag will ich auf den Weihnachtsmarkt«, sagte sie, bevor ich ging.

»Alles klar«, sagte ich.

Auf dem Weg nach Hause fing ich an zu rennen. Es war der Freitag vor dem zweiten Advent, und hinter den Fenstern strahlten die Kerzenpyramiden und Lichterketten in die kalte Nacht. Vor ein paar Wochen hatte ich im Wissenschaftsteil der Zeitung von Eiskristallen in der Luft gelesen, die so scharfkantig sein konnten, dass sie die Lunge verletzten und zu inneren Verblutungen führten, zumindest bei Pferden. Daran musste ich immer denken, wenn nach ein paar Minuten meine Atemzüge zu schmerzen begannen.

Ich war irgendwann im Herbst das erste Mal losgerannt, an einem regnerischen Tag. Ich kam von Inga, von einem unserer Treffen, und ihre Fragen gingen mir nicht aus dem Kopf. Sie hatte mich aufgefordert, drei Dinge zu nennen, die mich glücklich machten, und zehn, die ich in meinem Leben noch unbedingt tun wollte.

Laub bedeckte gelb und glitschig die Wege, und das Seitenstechen lenkte mich von dem Schulterzucken ab, das meine Antwort gewesen war. Inga hörte nicht auf, mir solche Fragen zu stellen, auch dann nicht, als ich sie darum bat. »Du hältst es nicht aus«, sagte sie, und etwas wie Triumph lag in ihrer Stimme.

»Ich hätte es nicht treffender formulieren können«, sagte ich. Dann hatte ich mir das Rennen angewöhnt.

Ich traf mich jeden Freitag mit Inga, sie hatte sich das zum Geburtstag gewünscht. »Mehr Verlässlichkeit«, hatte sie gesagt. Es hörte sich an, als hätte sie es sich ganz genau überlegt; dass sie es schade fände, dass wir uns so selten sähen, dass ich ihr wichtig sei, und dass sie sich wünsche, mich regelmäßiger zu treffen. »Dass dann einfach klar ist, dann und dann sehen wir uns«, sagte sie. »Das ist dann unser Abend.«

»Pärchenabend«, sagte ich. »Entschuldigung«, sagte ich. Seit einiger Zeit klang vieles, was Inga sagte, so schlicht, dass es mich reizte, mich darüber lustig zu machen, obwohl ich wusste, wie ernst es ihr war und wie leicht es war, sie zu verletzen.

»Ich war so lange nicht mehr verliebt«, hatte sie erst kurz vor ihrem Geburtstag zu mir gesagt. »Ich meine, so richtig verliebt, dass ich mich frage, ob das überhaupt noch geht. Ob ich überhaupt noch verliebt sein kann. Glaubst du, dass du dich noch mal so richtig verliebst?«

»Was weiß ich«, sagte ich. Ich hatte nicht das Gefühl, Inga die Antworten geben zu können, die sie gerne hören wollte. Sie wollte auch wissen, wann ich das letzte Mal so hatte lachen müssen, dass ich Bauchschmerzen bekam, oder so traurig gewesen war, dass ich weinte. »Ich weiß nicht mehr«, sagte ich und sah ein Zucken in Ingas Gesicht, als wäre eine Tür mit lautem Knall ins Schloss gefallen.

»Es gibt so vieles, was mich glücklich macht«, hatte sie behauptet. »In der Sonne liegen, ganz ruhig, oder sich am Meer ins Wasser werfen, jauchzend in die Wellen. Stundenlang im Bus sitzen und aus dem Fenster schauen. Spaghetti mit roter Soße essen. Oder der kleine Moment kurz bevor man sich küsst, wenn das Herz aufhört zu schlagen.«

»Sicher«, hatte ich gesagt.

Ich hatte all diese Bilder vor mir, so, wie man sie kannte, aus Funk und Fernsehen, dachte ich und hätte am liebsten gesagt: Das ist doch Quatsch, Inga, das ist doch alles nichts, was dich glücklich macht, ich meine: wirklich glücklich. Aber so, wie ich sie kannte, musste sie das selber wissen.

Am nächsten Freitag holte ich Inga am frühen Abend ab. Wir gingen zu Fuß, und sie hakte sich bei mir ein. Sie trug eine rote Mütze und rote Handschuhe, die sie sich wahrscheinlich im Set gekauft hatte. Solche Sachen gefielen ihr.

»Das ist geregeltes Leben«, hatte sie neulich gesagt, als sie mir ein sechzehnteiliges Teeservice zeigte, das sie sich von ihren Eltern zu Weihnachten wünschte. »Sechs Tassen und sechs Untersetzer, Teekanne und Karaffe, Zucker- und Milchbehältnis. So muss es sein.«

Es hatte angefangen zu schneien, und Inga legte den Kopf in den Nacken. Sie blinzelte den Flocken entgegen, die leicht über ihr Gesicht hinwegtrieben, als ginge von ihrer Hautoberfläche ein Aufwind aus, ein Abwehrzauber.

Inga war blond, und auch ihre Augenbrauen und Wimpern waren blond und so fein, dass sie fast unsichtbar waren auf ihrer Haut. Sie hatte aufgehört, sich zu schminken. »Ich habe mich einfach gefragt, warum mache ich das eigentlich, oder für wen«, hatte sie gesagt.

Ihr Gesicht sah ungeschützt aus, und manchmal fiel es mir schwer, sie anzuschauen. Es gab Tage, an denen sich allein schon bei dem Gedanken daran ein Gefühl in mir ausbreitete, das ich auch hatte, wenn wir uns trafen. Es war ein Gefühl der Lähmung, wie ich es aus den alltäglichsten Situationen kannte.

Es überfiel mich, wenn ich im Restaurant eine Portion vorgesetzt bekam, die viel zu groß war, als dass ich sie schaffen könnte, oder wenn ich meine Einkaufstaschen so vollgepackt hatte, dass ich auf dem Heimweg für einen Moment stehen bleiben und alles abstellen musste. Das Gefühl blieb meistens so klein und ging schnell wieder vorbei. Nur wenn ich mich mit Inga traf, wurde es stärker und stärker.

»Schön, dich zu sehen«, sagte sie immer. Es schien ihr wichtig geworden zu sein, das zu betonen, und ich nickte und sagte: »Ja.« Ich schaffte es nicht mehr, ihr zu sagen, dass ich sie auch gerne traf. Ich spürte, wie die Lähmung schon einsetzte, wenn ich Inga strahlend auf mich zukommen sah, wenn ich ihre Stimme hörte, hell und aufgeregt, wenn ich, statt ihr anzusehen, dass sie sich freute, nur noch sah, wie sie mir zeigen wollte, dass sie sich freute. Ich kam nicht mehr heraus aus diesem Dreh.

Auf dem Markt schlenderten wir an den Ständen mit Honigkerzen, Christbaumschmuck und Puppenhauseinrichtungsgegenständen entlang, ohne einmal stehen zu bleiben. »Es ist jedes Jahr dasselbe, was man hier hat«, sagte Inga.

»Ja«, sagte ich, »langweilig.«

»Nein«, sagte sie, »ich finde das schön. Es ist doch gut, wenn man weiß, was einen erwartet.«

Was soll gut daran sein, wenn man an dem, was einen erwartet, nicht interessiert ist, dachte ich, aber ich fing die Diskussion nicht an. »Glühwein?«, fragte ich.

Wir husteten vom Dampf, der aus unseren Tassen stieg, und ich beeilte mich auszutrinken, bevor die letzten Schlucke kalt und eklig wurden. Ich sah das Violett an Ingas Unterlippe, an ihren Zähnen. In den Tannen, die um uns herum aufgestellt waren, hingen Lautsprecher, aus denen Weihnachtslieder schallten, und Inga sang leise mit. »Gehen wir noch auf die Eisbahn?«, fragte sie.

»Du gehst«, sagte ich, »und ich winke dir vom Rand aus zu.« Ich musste Inga in diesem Moment nicht anschauen, um von dem Zucken in ihrem Gesicht zu wissen. In den Schlittschuhen bewegte sie sich wie auf Stelzen, sie ging mehr als dass sie lief und blieb nah an der Bande.

Sie lachte mir zu, und auch ich spürte mein Lachen auf meinem Gesicht, so wie ich immer den Schreck gespürt hatte, wenn ich beim Rennen auf den vereisten Gehwegen ausgerutscht und fast hingefallen war, als ein dummes Gesicht, als eine Verzerrung.

In meinem Kopf war es viel zu heiß, dämmerig bereits hinter den Augen, als ich mich fragte, ob es überhaupt einen Unterschied machte, ob es einem gut ging oder ob man nur so tat und daran glaubte. Schließlich, und auch das hatte ich im Wissenschaftsteil der Zeitung gelesen, musste man nur die Mundwinkel nach oben verziehen, um dasselbe zu fühlen wie bei einem echten Lächeln.

Schließlich, das wiederum hatte ich von Inga, musste man sich nur jeden Morgen dreißigmal vorsagen: Es geht mir jeden Tag in jeder Hinsicht immer besser und besser, damit auch das in Erfüllung ging.

»Was wünschst du dir zu Weihnachten?«, fragte ich Inga auf dem Heimweg.

»Nichts, was man einfach so schenken kann«, sagte sie.

»Okay«, sagte ich. Ich wollte nicht fragen: Was denn sonst?

»Und du?«, fragte sie. »Was wünschst du dir?«

»Weltfrieden«, sagte ich, und noch bevor ich mich dafür entschuldigen konnte, sagte sie: »Ja, das wäre was. Aber ich fänd es schon schön, wenn du zu mir kommst und wir, ich weiß nicht, Pfeffernüsse backen oder einen Schneemann bauen oder Weihnachtssterne basteln.«

Es hörte sich nicht so an, als würde Inga annehmen, dass wir irgendetwas davon wirklich tun würden. Im Gegenteil, es klang, als meine sie nichts davon ernst oder vielleicht, dachte ich später, wie die Imitation meines eigenen Tonfalls.

»Ja«, sagte ich, »das fände ich auch.«

Ich kaufte schließlich einen italienischen Weihnachtskuchen für Inga, und als ich mit der großen hellblauen Pappschachtel in den Händen zu ihr rannte, freute ich mich darauf zuzusehen, wie sie ihn auspacken würde.

Unter der Pappe war der Kuchen noch in knisternde Plastikfolie eingehüllt, eine Tüte mit Puderzucker lag dabei, und ich erklärte Inga, dass sie die Folie oben öffnen, den Zucker zu dem Kuchen geben, die Folie wieder schließen und dann schütteln müsse, schütteln, schütteln. Ich wusste, dass das etwas war, das Inga gefallen würde.

»Das hat Spaß gemacht«, sagte sie, als der Kuchen gleichmäßig mit Puderzucker bestäubt war und sie ihn anschnitt.

»Siehst du«, sagte ich.

»Siehst du was?«, fragte sie.

»Nichts«, sagte ich, »die kleinen Freuden des Alltags, das war es wahrscheinlich, was ich meinte.«

»Die kleinen Freuden des Alltags?« Inga schaute mich an. Irgendwie war Puderzucker auf ihrer Wange gelandet und lag nun dort, wie ungleichmäßig verteiltes, weißes Rouge. Blanche, dachte ich. »Willst du mich verarschen?«, fragte sie.

»Nein«, sagte ich. Aber es war zu spät.

»Was sind denn deine kleinen Freuden des Alltags?«, fragte sie. »Du hast ja keine. Ich will mal wissen, wie lang es her ist, dass du dich über irgendwas gefreut hast, oder dass irgendwas überhaupt mal was anderes war als egal. Ich meine«, sie legte das Messer zur Seite und wandte sich ab, »bei mir ist das auch lange her, aber ich finde das wenigstens schlimm.«

Ich schaute den Kuchen an mit dem einzelnen, sehr geraden Schnitt, den Inga hineingemacht hatte. Die Plastikfolie, die sie zusammengeknüllt und zur Seite gelegt hatte, knisterte, auf der Suche, dachte ich, nach mehr Raum, während der Pappkarton und die Puderzuckertüte ganz trocken und unbelebt auf dem Küchentisch lagen. »Wenigstens«, sagte ich.

»Ja, da stehst du natürlich drüber«, sagte Inga.

»Nein, tue ich nicht«, sagte ich, und das Gefühl der Lähmung war so groß, dass ich nicht mehr weitersprechen konnte.

An diesem Abend konnte ich mich auch nicht mehr fangen, als ich auf dem Weg nach Hause rennend ausrutschte. Ich kann nicht genau sagen, wie ich fiel, nur dass mein linkes Fußgelenk und mein rechtes Knie hinterher kaputt waren und beide Hände an den Ballen aufgeschürft.

Ich war nicht allein auf dem Weg, Leute kamen mir entgegen, die meinen Sturz gesehen haben mussten, und ich stand vorsichtig auf und humpelte los, über die Straße und auf die andere Seite, wo niemand war.

Kurz darauf setzten die Schmerzen ein, ein Stechen, das mit jedem Schritt durch meinen Körper ging und, bevor ich wieder zum nächsten Schritt ansetzte, von einem dumpfen Pochen abgelöst wurde.

Partykel

Milans Lachen klang wie aus einer Comicsprechblase abgelesen. »Ha ha ha ha!«, machte er, sehr laut und ohne jede weitere Regung. Seine Bewegungen hatten etwas Roboterhaftes, sie erinnerten mich an die der traurigen Gestalten, die mit weiß bemalten Gesichtern auf Sockeln im Park standen, scheinbar völlig erstarrt. Erst wenn man ihnen eine Münze hinwarf, verbeugten sie sich, winkten oder lüpften den Hut. Ihre Gesten wirkten kantig und genau bemessen, so künstlich, dass sie mir unheimlich waren, obwohl ich sie lächerlich finden wollte.

Ich hatte mich von Carlos überreden lassen, mit ins Terrarium zu kommen. Bisher hatte ich meistens dankend abgelehnt, wenn er Orte mit seltsamen Namen erwähnt und gefragt hatte, ob ich ihn dorthin begleiten wolle. Aber diesmal hatte er gesagt, es sei eine Ausstellungseröffnung, es handele sich um Kunst.

Tatsächlich war das Terrarium eine leere Wohnung mit ganzseitiger Fensterfront im fünften Stock einer Neubausiedlung. Der Fahrstuhl war mit Blümchentapete ausgekleidet, die Türen durchnummeriert, es roch nach Teppichkleber, und an den Wänden der Wohnung hingen kleine Bleistiftzeichnungen, die aussahen, als hätte jemand mit geschlossenen Augen versucht, die Portraits seiner besten Freunde zu Papier zu bringen. Die Bilder waren mit Vornamen betitelt, die ich im Laufe des Abends noch öfter durch den Raum schallen hörte, und an der Tür zur Küche klebte ein Zettel, auf dem »Alles umsonst, Spenden erwünscht« stand. Ein Mädchen öffnete Bierflaschen und goss Weingläser voll, es hatte roten Lidschatten aufgelegt, der glänzte wie Lack.

»Wie viel spendet man denn so für ein Bier?«, fragte ich, aber das Mädchen schaute mich nicht einmal an, und ich hatte das Gefühl, mich mit dieser Frage bereits für den gesamten Abend disqualifiziert zu haben. Für diese Gesellschaft, in der es einem gefallen musste, sich an Glasfronten zu lehnen und darüber zu sprechen, wie schlimm es sei, keine Zeit zu haben, wie schlimm allein der Ausdruck an sich; das war es jedenfalls, was der Typ verkündete, der sich inzwischen zu Carlos gestellt hatte.

Später musste in einem anderen Zimmer ein Buffet aufgebaut worden sein, denn als Milan zu mir kam, hielt er einen voll beladenen Teller in der Hand. Ich hatte bemerkt, wie er mich fixierte, von der hintersten Ecke des Raumes aus, offenbar noch im Gespräch. Schließlich nickte er kurz und setzte sich in Bewegung. Er ließ mich nicht aus den Augen, während er, wie einer zwischen uns gezogenen Geraden folgend, auf mich zuging.

Er lächelte nicht, und sein Ton war am ehesten der einer sachlichen Feststellung, als er fragte: »Was machst du denn hier.«

Ich schaute hinunter auf seine polierten Schuhspitzen und sagte: »Das frage ich mich auch.«

Carlos, der sich mittlerweile mit einer Frau unterhielt, drehte sich zu uns um. »Milan!«, rief er.

»Carlos«, sagte Milan und nickte, als hätte Carlos eine Frage richtig beantwortet.

»Das ist, wie gesagt, Milan«, sagte Carlos, als er uns einander vorstellte. Er hätte mir auch gleich mit dem Ellbogen in die Seite stoßen oder mir zuzwinkern können, so deutlich schien er davon auszugehen, dass der Name mir etwas sagte.

»Sollte ich dich kennen?«, fragte ich.

»Ich wüsste nicht, woher«, sagte Milan.

»Milan«, sagte Carlos, und es klang, als sei er stolz, das zu wissen, »ist der Herausgeber vom Partykel.«

Milan verzog keine Miene. Er ließ die Gabel mit den Zinken nach unten kurz über seinem Essensberg kreisen, als könne er sich nicht entscheiden, wo er anfangen sollte, dann stieß er zu.

Das Partykel war ein Heftchen, das Carlos oft bei sich zu Hause herumliegen hatte. Es erschien unregelmäßig, hatte die Größe eines CD-Booklets und meistens nicht mehr als zwanzig Seiten, gedruckt auf Hochglanzpapier, das schwach nach Kondomen roch. Ich blätterte es immer durch, las die Nachrichten auf den ersten Seiten, in denen Orte und Namen erwähnt wurden, die ich nicht kannte und die mir oft wie ausgedacht vorkamen. ›Eröffnung sechstausend 27.7., wo das fünftausend war. Gilles sagt: Barney freut sich über Briefe. K.os am 4.8.‹, und so weiter. »Sechstausend und K.os sind Clubs, und das mit Gilles wahrscheinlich irgendeine Kunstaktion«, sagte Carlos, der mir auch nicht alles erklären konnte.

Als Nächstes kam eine Fotostrecke, immer mit einem anderen Mädchen im Mittelpunkt, das so auf dem Bett lag, an einer Straßenecke stand oder in der U-Bahn saß, dass man ihr unter den Rock oder in den Ausschnitt schauen konnte. Die Fotos waren nie ganz scharf, sonst hätte ich genauer sagen können, ob das Mädchen mit dem roten Lidschatten schon einmal dabei gewesen war; ich vermutete es.

Zum Schluss dann gab es eine mehrseitige Folge eines Fortsetzungsromans, in dem so viele Figuren, verteilt auf so viele Handlungsstränge vorkamen, dass ich nie durchschaute, worum es eigentlich ging.

Ich hatte Carlos schon längst gefragt, wer der Herausgeber vom Partykel war, und hatte, als er mir von Milan erzählte, nicht heraushören können, ob er von ihm eher angewidert oder begeistert war. »Er sammelt die Nachrichten, er macht die Fotos, er schreibt den Roman«, hatte Carlos gesagt, »und leistet sich das alles so als Hobby. Ich glaube, er ist irgendwie reich. Auf jeden Fall hat er kein Portemonnaie, sondern so eine Geldklammer aus Gold für die Scheine. Ich sehe ihn andauernd«, hatte er gesagt, »er ist immer da, er kennt auch alle. Aber es ist seltsam. Er ist nie so richtig dabei.«

Ich schaute zu, wie Milan sich systematisch von den Rändern her an seinem Essen abarbeitete; Sushi, Artischockenherzen und Blätterteigtaschen im Häppchenformat. »Möchtest du auch was?«, fragte er mich.

»Danke«, sagte ich.

»Danke ja oder danke nein?«, fragte er.

»Heißt danke nicht immer: nein, danke?«, fragte ich.

Milan antwortete nicht. Sein Kiefer trat hervor, während er kaute, rhythmisch und schnell auch eine Sehne, die sich von seiner Schläfe aus zum Wangenknochen zog. Die Umrisse seiner kurz gehaltenen Koteletten sahen aus wie mit dem Lineal gezogen, und seine Haare lagen perfekt nachlässig nach hinten gestrichen. Als Einziger trug er einen Anzug, der edel aussah, maßgeschneidert.

Nichts fiel von seinem Teller herunter, obwohl Milans Blick fast ununterbrochen zwischen den Leuten hin- und hersprang. Immer wieder nannte er Namen, leise und wie für sich, und nickte den Genannten zu, als wäre es eine Aufzählung, die er sich selbst bestätigte: hier, anwesend, da. Alle schienen ihn zu kennen, und die meisten wirkten, wie Carlos vorhin, als wären sie stolz darauf, von ihm gegrüßt zu werden. Aber als hätte Milan einen Bannkreis um uns gezogen, kam niemand näher an uns heran.

»Wie gefallen dir die Bilder?«, fragte er mich zwischendurch.

»Nicht so«, sagte ich.

»Nicht so«, wiederholte er, »das ist interessant, das ist ein Urteil, das vor allem durch die Bescheidenheit, die sich im Vortrag äußert, durchaus eine Berechtigung hat. Aber du gehörst nicht hierher«, sagte er. »Versteh mich richtig, das zeichnet dich aus.«

Sein Teller war fast leer, und Milan kaute länger, schluckte schwerer, er wischte sich den Mund ab, nachdem er endlich aufgegessen hatte, und die Stirn.

»Dann gibt es morgen schönes Wetter«, sagte ich, und ich hatte meine Stimme noch im Ohr, piepsig vor Beschränktheit, als ich Milan zum ersten Mal lachen hörte.

»Du gehörst wirklich nicht hierher«, sagte er.

»Und, hat er dich gefragt, ob er dich fotografieren darf?«, fragte Carlos, als wir gingen.

Ich schüttelte den Kopf.

»Eigentlich fragt er die Mädels immer, ob er sie fürs Partykel fotografieren darf«, sagte er, »und ich begreife es nicht, fast alle sagen Ja.«

»Und was heißt das jetzt, dass er mich nicht gefragt hat?«, fragte ich.

»Das heißt, er fragt dich ein andermal«, sagte er. »Du hast ihm doch deine Nummer gegeben, oder?«

»Ja, und?«, fragte ich.

»Nichts und«, sagte Carlos. »Ich freue mich, dass der Abend dir doch ein bisschen gefallen hat. Hat er die Nummer in sein kleines schwarzes Notizbuch geschrieben? In sein Moleskine? Mit seinem Montblanc? Und gesagt, ich habe kein Handy? Und gesagt, ich rufe dich an?«

»Exakt«, sagte ich.

Ich erzählte Carlos erst später, dass ich Milan eine falsche Nummer gegeben hatte. Ich hatte, als er in seinem Notizbuch blätterte, gesehen, dass alles, was er sich aufgeschrieben hatte, durchgestrichen war, bis auf ein paar Zeilen auf den letzten Seiten, unter die er meinen Namen setzte, und erst als ich ihm die Nummer diktierte, entschied ich mich, einen Dreher in die letzten zwei Ziffern zu bringen.

Als er nicht mehr bei mir stand, hatte ich ihn noch ein paar Mal lachen gehört und mich gefragt, ob sein Lachen einfach so klang oder ob es, und ich wusste nicht, was mir unheimlicher wäre, eine Parodie sein sollte auf das Lachen an sich; auf etwas, das Milan nie tun würde.

»Ich bitte um Verzeihung, dass ich dich nicht angerufen habe«, sagte Milan, als wir uns wiedertrafen, »es war etwas mit deiner Nummer.«

»Die Nummer war falsch«, sagte ich.

»Das wird es gewesen sein«, sagte er.

Wir standen auf der überfüllten Dachterrasse einer fremden Wohnung, drinnen hatte ein Junge mit Lederweste seine Gitarre an einen Verstärker angeschlossen und sang Lieder, in denen sich Sommerliebe auf Tagediebe reimte. Ich war wieder mit Carlos gekommen. »Du im Partykel, das wäre doch ein Traum«, hatte er gesagt. Ich hatte mit den Schultern gezuckt und die Seitenkanten eines Partykels an meinem Daumen entlangflippen lassen. Es interessierte mich, ob Milan die Übersicht über die Handlung seines Fortsetzungsromans wohl auch schon verloren hatte.

Mein Name und die Nummer waren das Letzte, was auf der Seite, die Milan aufschlug, noch durchzustreichen war, und er tat es mit zwei schnellen und sehr geraden Strichen; ich hörte das Kratzen der Feder auf dem Papier, dann blätterte er schon weiter. Die meisten seiner Einträge, das konnte ich sehen, waren sehr kurz, kürzer noch als Stichpunkte, wie Chiffren.

Ich nannte ihm meine richtige Nummer, und nachdem er den Füller zugeschraubt hatte, holte er ein Handy aus seiner Tasche. »Auch nicht alles, was ich dir gesagt habe, war die Wahrheit«, sagte er, tippte meine Nummer ein und nickte, als es bei mir anfing zu klingeln. Er schaute mich an. »Aber ich möchte etwas anderes mit dir machen«, sagte er.

»Was?«, fragte ich. Ich dachte an die Fotos und dachte, dass auch Milan sich jetzt vorstellte, wie er mich positionieren, wie ich darauf aussehen würde.

»Das weiß ich noch nicht so genau«, sagte er, »etwas, das zu dir passt.« Er stand vollkommen still, wie eingefroren, und für einen Moment war es so, als wäre ich bereits drauf und dran gewesen, mich auszuziehen, und als hätte er gesagt, dass es das aber nicht war, was er wollte. »Ich lasse mir etwas einfallen«, sagte er und nickte mir zu, und als wäre damit ein Schalter umgelegt worden, setzte er sich wieder in Bewegung, stellte den rechten Fuß vor, zog den linken nach. Ich sah, wie die anderen für ihn zur Seite traten, als er sich zur Terrassentür schob, und noch bevor er sie erreichte, hörte ich ihn einen Namen nennen, hörte ich sein Lachen.

Milan lud mich schließlich auf einen Ausflug ins Grüne ein. »Oder eine Fahrt ins Blaue«, sagte er, »wie es dir recht ist.«

»Vielleicht können wir beides miteinander verbinden«, sagte ich.

»Das sollte möglich sein«, sagte er.

Er wartete an seinen Wagen gelehnt auf mich, wieder trug er einen Anzug, ich hatte mein bestes Sommerkleid angezogen. Milan ließ das Klassikradio laufen, und noch auf der Landstraße hatte ich das eigenartige Gefühl, dass das Auto sich von selber fuhr, dass auch Milan mit seinen

Bewegungen nur dem nachkam, was ihm vorgegeben wurde. Ich kurbelte das Fenster herunter, um mein Gesicht in den Fahrtwind zu halten, aber die Luft schien um den Wagen herum stillzustehen.

Milan steuerte ein Ausflugslokal an einem kleinen See an, mit einer Terrasse zum Wasser hin, Holzbänken, rot karierten Tischdecken, Geranien auf den Fensterbänken und einer Kellnerin im schwarzen Rock mit kurzer, weißer Schürze. Es kam mir vor wie in einem dieser Heimatfilme aus den fünfziger Jahren, in denen gesungen und getanzt wurde und alles sauber und heiter war; als wären auch die Gäste des Lokals seit damals sitzen geblieben und alt geworden, nur dass sie inzwischen keine Dirndl und Lederhosen mehr trugen, sondern Freizeitkleidung aus pflegeleichten Materialien und in gedeckten Farben.

»Wie gefällt es dir hier?«, fragte Milan.

»Gut«, sagte ich schnell. Tatsächlich schaute ich mir diese Filme manchmal an, wenn sie Sonntagnachmittags im Fernsehen liefen, aber das behielt ich für mich. »Und du findest, das hier ist ein Ort, an den ich passe? Der zu mir passt?«

»Ja«, sagte Milan, »doch, es ist schön hier, und ruhig.« Wieder klang es wie eine sachliche Feststellung, und trotzdem dachte ich, er würde versuchen, mit mir zu flirten. Ich lächelte ihm zu, aber er lächelte nicht zurück.

Die Kellnerin brachte uns Apfelkuchen und Kaffee im Kännchen. Wie bei unserem ersten Treffen begann Milan zu essen, schnell, aber weder hastig noch gierig, dachte ich, sondern so, als handele es sich um einen Auftrag, den er möglichst zügig erledigt haben wollte. Ich schaute ihm zu, und wieder musste ich an die Fotos denken, an mich auf den Fotos, an Milan hinter der Kamera und wie er mir Anweisungen geben würde.

Ich hatte mir die Szenerie inzwischen so oft vorgestellt, dass die Bilder ganz klar und scharf geworden waren, und es sollte irgendwie neckisch klingen, als ich sagte: »Carlos hat gesagt, dass du alle Frauen, die du triffst, fragst, ob du sie fotografieren darfst.« Aber dann kam ich mir nur vor wie ein Schulkind, das petzte.

Milan legte seine Gabel quer auf den Teller und schob ihn zur Seite, obwohl er noch gar nicht aufgegessen hatte, er faltete die Hände und legte sie vor sich auf den Tisch, wie zu einer Ansprache, wie zu einem Gebet. »Möchtest du denn gerne fotografiert werden?«, fragte er. »Würdest du dich nicht schämen?« Es klang nicht so, als sei er sich darüber noch unsicher. Vielmehr, als wolle er mich vorsichtig auf etwas hinweisen, das ich bislang übersehen hatte.

Ich versuchte noch, meinen Kuchen aufzuessen, aber während ich kaute, hatte ich das Gefühl, dass er in meinem Mund zu einer Masse aufquoll, die ich kaum schlucken konnte. Ich spülte mit Kaffee nach, dann stellte auch ich meinen Teller zur Seite.

Milan fotografierte ohne Blitz. Wir saßen auf den Treppen, die zu seiner Wohnung führten, er ein paar Stufen tiefer als ich, die Wände waren olivgrün gestrichen, durch das Fenster fiel das letzte dämmerige Licht. Milan blieb stumm, und es kam mir vor, als würde er sich die Kamera vors Gesicht halten, um mich nicht ansehen zu müssen, nicht direkt.

In meiner Vorstellung hatte er mir gesagt, dass ich mein Kleid hochschieben, die Träger nach unten rutschen lassen, die Beine spreizen sollte, aber als ich jetzt begann, das zu tun, fühlte sich jede meiner Bewegungen falsch an, so, als würde ich einen Tanz vorführen, den ich nicht lang genug geübt hatte. Das Flurlicht ging an, und kurz darauf hörte ich jemanden die Treppen hochkommen. Milan schraubte den Deckel auf das Objektiv. »Lass uns das hier abbrechen«, sagte er, und ich zog mir mein Kleid zurecht.

Dass wir noch am selben Abend miteinander schliefen, schien mir zunächst wie eine logische Folge der Fotos, aber dann war es, als ginge es Milan dabei nur um etwas, das er in seinem Notizbuch endlich durchstreichen wollte. Seine Berührungen ähnelten seiner Art, sich zu bewegen, mechanisch, so, wie er sich bei unserer ersten Begegnung durch den Raum geschoben hatte, auf einem dermaßen geraden Weg, als wäre er ihm vorgezeichnet, als wäre er ihm vorgeschrieben gewesen. Wie ferngesteuert, dachte ich noch, als Milan schließlich versuchte, mich mit der Hand zum Orgasmus zu bringen, mit einer

Beharrlichkeit, die, das wusste ich gleich, zu nichts führen würde, genauso wie nach dem dreiundzwanzigsten Klingeln auch beim vierundzwanzigsten niemand drangehen würde, wenn das Haus leer war.

Ein paar Wochen später erzählte Carlos mir von Milans Autounfall, von den Gerüchten, die sich darum rankten. Es hieß, Milan sei von der Straße abgekommen, niemand außer ihm sei daran beteiligt gewesen, nicht einmal ein Tier auf der Fahrbahn oder Regen. »Er hat wohl Glück gehabt, dass er das überlebt hat«, sagte Carlos, »und dieses Glück wollte er wahrscheinlich gar nicht.«

Ich nickte. Immer, wenn ich über Milan nachgedacht hatte, erinnerte ich mich daran, wie wir über die Landstraße gefahren waren und ich das Gefühl gehabt hatte, Milan könnte auch einfach die Hände in den Schoß legen und das Auto für sich fahren lassen. Ich konnte mir nur zu gut vorstellen, dass Milan kurz vor seinem Unfall genau das getan hatte.

Ich überlegte lange, was ich ihm mitbringen könnte, nichts zu essen, dachte ich, nichts zu lesen und auch keine Blumen. Dann kaufte ich doch Schokolade und mir selber für den Besuch ein noch besseres Sommerkleid als das, das ich bereits besaß.

Er hatte ein Einzelzimmer, und das Nachmittagslicht fiel durch das Laub des Baumes vor dem Fenster in kleinen bewegten Flecken auf den Boden, an die Wand, auf das Bett und Milan. Er lag mit einem Bein und einem Arm in Gips und Schlinge und bewegte nicht einmal seinen Kopf, als ich eintrat.

Erst als ich näher kam, schaute er mich an; sein Gesicht war verschrammt, dunkelrot, fast braun verkrustet inzwischen, sodass es aussah, als würde der Schorf von alleine abfallen, sobald Milan nur einmal das Gesicht verziehen, sobald er nur einmal kurz lächeln würde.

Experimente

Katrin hatte, das erzählte sie mir als Erstes, vorgehabt, sich alle Haare vom Körper zu entfernen. Sie hatte sich die Beine rasiert und die Arme, das Achsel- und das Schamhaar. »Pubic hair«, sagte sie; sie musste das Wort vorher nachgeschlagen haben.

Wir saßen nebeneinander im Konversationskurs Englisch. Katrin war mir gleich aufgefallen, weil sie eine Schönheit war und weil irgendetwas in ihrem Gesicht nicht stimmte. Es wirkte fast übernatürlich glatt und ebenmäßig, porzellanpuppenhaft. Die Augenbrauen, sagte Katrin, seien der letzte Schritt gewesen, eigentlich habe sie auch noch eine Glatze gewollt, aber das habe sie dann nicht mehr geschafft.

»Zum Glück«, sagte ich. »I mean: Fortunately.«

»Du meinst, die schönen Haare?«, fragte sie.

»Of course«, sagte ich. Es war das erste und einzige Mal, dass ich versuchte, Katrin so etwas wie ein Kompliment zu machen. Sie nickte, und mit drei Griffen hatte sie ihr Haar zusammengenommen und zu einem Knoten gebunden. Dann zog sie sich die Kapuze ihres Pullis über den Kopf.

»Now you know everything about me«, sagte sie, als der Kursleiter, der von Tisch zu Tisch gegangen war, vor uns stehen blieb, und ihre Augen lagen im Schatten, »what do you want to tell me about yourself?«

Der Kursleiter blickte auf uns herab, und ich ahnte, dass er sich beim ersten Fehler sofort einschalten würde, ganz gleich, ob es um Grammatik ging oder um die Aussprache. »Nothing at the moment«, sagte ich.

»Was für ein überhebliches Arschloch«, sagte Katrin, als wir nach der Stunde zusammen zur U-Bahn gingen, »mit seinem British English, mit diesem: You-want-some-private-lessons-Blick.« Ich lachte, und sie sagte: »Nee, das regt mich wirklich auf. Diese Idioten.« Sie kickte gegen eine Flasche, die irgendwer neben einem Mülleimer abgestellt hatte und die klirrend und kreiselnd wegrollte.

Der Blick des Kursleiters war mir auch aufgefallen. Ich hatte schon vor einiger Zeit beschlossen, Blicke dieser Art zu ignorieren, aber nur, weil ich nicht wusste, was ich sonst machen sollte. »Vergiss ihn«, sagte ich.

»Nein«, sagte Katrin. Sie hatte ihre Hände in ihre Jackentaschen vergraben, stieß ihre Fußspitzen bei jedem Schritt zackig nach vorne, senkrecht über ihrer Nase sah ich eine zornige kleine Falte. »Idioten zu vergessen kann nicht die Lösung sein«, sagte Katrin, »Idioten müssen bekämpft werden, Idioten müssen eins auf die Fresse kriegen, oder zwei. Wegen Idioten«, sagte sie, »muss man immer eine Knarre dabeihaben.«

»Wenn du alle Idioten auf der Welt ausmerzen willst, hast du dir aber viel vorgenommen«, sagte ich.

»Ich weiß«, sagte sie. Ihr Lachen kam plötzlich und wie über etwas, das sie freute. Auf dem Bahnsteig fragte sie mich dann, ob ich noch mit zu ihr kommen wolle. Es klang, als würde sie sich nur nach der Uhrzeit erkundigen, und genauso schnell und beiläufig antwortete ich: »Sehr gerne.«

In der U-Bahn sagte sie nichts mehr, und auf dem Weg zu ihrer Wohnung beschleunigte sie ihren Schritt, ich musste fast laufen, einen halben Meter hinter ihr her. Katrin wohnte im Hochparterre zur Straße hin, »sodass ich den ganzen Tag auf einem Kissen im Fenster hocken und hinausschauen könnte«, sagte sie, »aber natürlich mache ich das nicht.«

Stattdessen hatte sie alle Vorhänge zugezogen. Die Wohnung war karg eingerichtet, und noch während ich überlegte, ob ich mich auf das Bett setzen sollte oder auf den Boden, hatte Katrin zwei Klappstühle in die Mitte des Zimmers gestellt wie auf eine Bühne. »Setz dich«, sagte sie, schroff.

Unsere Knie berührten sich fast, und ich rutschte auf meinem Stuhl hin und her, als könnte ich ihn so bequemer machen. Ich wusste nicht, welche Haltung ich einnehmen sollte. Es kam mir vor, als müsste ich Katrin gleich etwas anbieten, als würden wir proben. Katrin hatte den Kopf leicht gesenkt und rieb sich über die Stelle, an der ihre Augenbrauen gewesen waren. Ihr Blick kam von unten, und hinterher war ich mir nicht mehr sicher, ob ich meine Hand nicht schon ausgestreckt hatte, als sie fragte: »Willst du mal fühlen?«

Ich strich Katrin über die Stirn und durch die Haare, die sich zwischen meinen Fingern in dicke Strähnen teilten. Fest wie die Borsten eines Pinsels sträubten sich ihre Spitzen gegen meinen Daumen, ganz leicht nur zog ich an ihren Haaren, und Katrin gab mit einer Kopfbewegung, die wie ein Wiegen war, nach. Dann stand sie auf.

Sie stellte sich vor mich, öffnete ihre Hose und zog sie zusammen mit ihrer Unterhose ein Stück nach unten. Ich blickte auf ihre rasierten Schamlippen, auf die schwarzen Punkte der Haaransätze. Auf die rasierten Schamlippen, die leicht geöffnet waren, und auf die dunkleren Hautfalten darunter.

»Jetzt fragst du dich endgültig, was du hier machst«, stellte Katrin fest, nachdem sie ihre Hose wieder hochgezogen hatte, und es klang nicht so, als wäre es das gewesen, was sie hatte erreichen wollen.

»Warum wolltest du dir alle Haare abrasieren?«, fragte ich.

»Experimente«, sagte Katrin, wie mit einem Abwinken in ihrer Stimme: »Alles Experimente.« Sie gähnte, und auch ich merkte, wie ich langsam ruhiger wurde.

Später erlebte ich immer wieder, wie die Anspannung, mit der Katrin das Haus verließ, sich verlor, sobald sie in ihrer Wohnung war, und ich hätte ihr nie gesagt, wie sehr ich das mochte. »Ich hasse es, wenn jemand mir sagt, entspann dich«, sagte sie einmal ganz unvermittelt. »Entspann dich, und mach dich mal locker.«

»Lass es zu, vielleicht ist es dann sogar schön«, ergänzte ich, und Katrin lachte. Sie sprach nie ausführlicher über ihre Ansichten, vielleicht, weil ich nicht danach fragte. Ich tat immer so, als wüsste ich, was sie meinte, und meistens hatte ich zumindest eine Ahnung. »Aber wer sagt denn so was zu dir?«, fragte ich.

»Keiner«, sagte sie.

Jedes Mal, bevor sie rausging, war es, als würde sie sich wappnen. Sie hatte immer kleine Aufkleber dabei, auf denen »sexistische scheißekacke« zu lesen stand und die sie auf Plakatwände und Schaufenster klebte, auf Werbung für Autos, Hotels und Internet-Flatrates, auf die Brüste der Frauen, die dort zu sehen waren, auf ihre halb geöffneten Schenkel und Münder. Die Aufkleber machte Katrin selbst, mit Paketmarken von der Post, die sie mit dickem schwarzen Edding beschriftete.

»Come on, give me a smile«, sagte der Kursleiter in einer der nächsten Stunden zu Katrin.

»I guess I don't have one for you«, sagte sie, ohne das Gesicht zu verziehen. Auf dem Weg zur U-Bahn schwieg sie, und auch ich sagte nichts. Ich dachte daran, wie Katrin gesagt hatte, wegen Idioten müsse man immer eine Knarre dabei haben. Aber es wäre mir unfair vorgekommen, sie jetzt zu fragen, was denn ihrer Meinung nach wirklich geeignete Waffen wären.

Katrins Augenbrauen waren längst nachgewachsen, und ich kannte ihr Gesicht inzwischen gut. Ich kannte auch das Gefühl, fast unsichtbar zu sein neben ihr; Katrin wurde viel öfter angeschaut als ich. Auch jetzt bemerkte ich wieder, wie die Blicke anderer Passanten sich auf sie richteten, aber ich war mir trotzdem sicher, dass Katrin sich an niemand bestimmten wandte, als sie abrupt stehen blieb und »Was?« schrie, »was ist denn?«.

Um uns herum gingen alle weiter, und ich sagte: »Komm.« Erst in der U-Bahn schaute Katrin mich wieder an, fragend, als würde sie seit einiger Zeit auf eine Antwort von mir warten.

»Ich hatte das Gefühl, alle starren mich an«, sagte sie später, wir saßen nebeneinander auf ihrer Fensterbank und schauten auf die Straße; »manchmal mache ich das nämlich doch«, hatte Katrin gesagt.

»Das Gefühl hatte ich aber auch«, sagte ich. »Du siehst halt sehr gut aus.«

»Ja, aber was kann ich dafür?«, fragte sie. »Außerdem geht es nicht ums Aussehen. Es geht um die Blicke. Und dass es dann irgendwann keinen Unterschied mehr gibt in der Wahrnehmung zwischen, sagen wir mal, Alice-DSL und dir.«

»Meinst du«, sagte ich.

Katrin hatte mir schon längst einen Stapel ihrer Aufkleber mitgegeben, aber ich benutzte sie nie, obwohl es an Gelegenheiten nicht gemangelt hätte. Anfangs hatte ich noch gedacht, dass Katrin einen verdorbenen Blick hatte, wenn sie alles auf die sexistische Scheiße hin ansah, die einen umgibt; dass es leicht war und schnell ging, die Welt so zu betrachten und schwierig, diesen Blick wieder loszuwerden.

Dann hatte ich über das Wort verdorben nachgedacht und versucht, auch nur in Gedanken, es wieder zurückzunehmen, es durch ein anderes, passenderes zu ersetzen. Ich versuchte es mit fixiert, ich dachte: ehrlich, ich dachte: überspannt, und schließlich: Katrins Blick, der einfach nicht meiner werden sollte.

»Ich weiß, dass das fast gar nichts bringt, gar nichts«, hatte sie selber einmal gesagt, in einem ihrer entspannten Momente, wenn die Falte über ihrer Nase nur noch eine schmale Linie war.

Der Kursleiter schaute Katrin auch an, als wir in der folgenden Stunde über Vorurteile sprachen und darüber, was für Vorstellungen man sich von Menschen macht, die man nicht richtig kennt. »Me for example«, sagte er, »I like to imagine how people look like when they are naked.«

Dass das ja auch ein guter Trick sei, wenn man Menschen gegenüberstünde, vor denen man Angst habe, sagte jemand anders, während Katrin vor sich hin starrte und ich vor mich hin starrte, als hätten wir beide nichts gehört.

»Ich habe genug von diesem Typen«, sagte Katrin hinterher.

»Ja«, sagte ich. »Aber was willst du machen?«

Katrin sprach weiter, als hätte sie auch mich nicht gehört. »Ich weiß, was der denkt«, sagte sie.

»Was denn?«, fragte ich. »Dass du nackt bestimmt auch sehr gut aussiehst? Da hätte er doch sogar recht.«

Katrin kam danach nicht mehr zum Englischkurs. Sie blieb eine Weile hinter den zugezogenen Vorhängen in ihrer Wohnung und verdrehte, Wochen später, nicht einmal die Augen wegen der Männer, die im Lokal ein paar Tische weiter saßen und laut lachten, wie um allen zu zeigen, dass sie sich prächtig amüsierten. Und es kam mir so vor, als wolle ich einen Faden wieder aufnehmen, den Katrin hatte fallen lassen, als ich sagte: »Die Typen nerven mich.«

»Ach was«, sagte Katrin. »Dann geh doch mal rüber und sag ihnen das. Geh rüber und sag ihnen, du fühlst dich gestört, geh rüber und sag ihnen, die Hirsche sollen den Platz verlassen oder leiser röhren, geh rüber und sag ihnen das, und dann sieh mal zu, was das wohl bringt.«

Und tatsächlich spürte ich, wie ich Lust hatte, aufzustehen und genau das zu tun. Experimente, dachte ich, alles Experimente. Katrin schaute mich an. »Siehst du«, sagte sie, und es klang, als wäre es das gewesen, was sie hatte erreichen wollen, »so langsam nimmst du Haltung an.«

Wasserleiche

Die Videos wurden alle an die Wand projiziert, sie liefen in Endlosschleifen. Das erste zeigte zwei Jungen auf einer Wiese, wie sie miteinander rauften, das zweite zwei Jungen im Schwimmbad, wie sie sich abwechselnd unter Wasser drückten, im dritten Video trieb ein nackter Körper in einem ruhigen Flussstück, mit dem Gesicht nach unten: eine Wasserleiche.

Auf dem Begleitzettel zur Ausstellung las ich etwas von rollengeprägter Angriffslust, vom Ringen um das Erwachsenwerden. Die Wasserleiche wurde auf dem Zettel nicht erwähnt, und ich starrte sie eine Weile an, bis ich erkannt hatte, wann der Loop zu Ende war und der Körper auf seine Ausgangsposition zurückschnellte, um dann vom Wasser wieder ein wenig nach links getrieben zu werden, sanft.

Es war nicht zu entscheiden, ob es sich um einen Männerkörper handelte oder um den einer Frau. Beim nächsten Loop hielt ich die Luft an, eine halbe, eine dreiviertel Minute vielleicht, als jemand meinen Namen sagte. Ich holte tief Luft und drehte mich um. Neben mir stand ein Mann, der mir unbekannt aussah, unscheinbar.

»Du kannst dich nicht an mich erinnern«, sagte er. Es klang, als hätte er es auch nicht anders erwartet, ich schüttelte den Kopf.

»Es tut mir leid«, sagte ich, aber er winkte ab: »Schon gut, es kann sich nie jemand an mich erinnern.« Dann streckte er mir seine Hand hin: »Wolf.«

»Aber so heißt mein Vater auch«, sagte ich.

»Ich weiß«, sagte er, »das hast du mir schon gesagt, als wir uns das erste Mal getroffen haben.«

Unsere Hände lagen ineinander, und für einen Moment hatte ich die Vorstellung, dass wir gleich so weitergehen würden, Hand in Hand über Kreuz. Ich lachte, es hörte sich an, als wäre ich nervös. »Wann war das?«, fragte ich.

Wolf schüttelte nur den Kopf. Er folgte mir durchs Treppenhaus, in den nächsten Raum ein Stockwerk höher.

Wir schauten uns noch die Fotografien an, die dort hingen, die eine Reihe von weiblichen Teenagern zeigten mit Kunstblut am Hals und starrem Blick. Wolf ging langsam an den Fotos entlang, schweigend.

Auf dem Begleitzettel stand, die Mädchen seien von Vampirbissen getötet worden, und ich blieb an dieser distanzlosen Formulierung hängen, die klang, als existierten Vampire tatsächlich. Die Mädchen waren sehr jung und hübsch, ihre Röcke und Hemdchen auf eine reizende Art verrutscht, und ich fragte mich, ob es angelegt war, an andere Formen von Gewalt zu denken, oder nur eine meiner Überspanntheiten, dass ich es jetzt tat.

Auf einer anderen Ausstellung vielleicht, dachte ich, einer Eröffnung, oder doch über Freunde. Wolf schaute mich an, er zuckte mit den Schultern, und wir gingen nach draußen. Noch einmal entschuldigte ich mich dafür, dass ich mich nicht an ihn erinnern konnte, »partout«, sagte ich.

»Schon gut«, sagte Wolf wieder, und ich fügte hinzu, ich sei ein Extremfall, ich könne mir weder Gesichter noch Namen auf Anhieb merken und eigentlich wundere es mich, dass mir so etwas wie mit ihm bisher noch nie passiert sei. Ich erzählte, dass ich schon oft, wenn jemand mich nur für Sekunden zu lang anschaute, geglaubt habe, es sei eine vergessene Bekanntschaft, und wie unangenehm mir diese Momente der Unsicherheit seien.

Ich spürte, wie ich mich von der Ausstellung weg- und näher an Wolf heranplaudern wollte und dass mir das nicht gelang. Wolf schaute an mir vorbei. »Schon gut, habe ich gesagt«, sagte er, wir standen noch auf der Straße, der Wind fuhr mir unter alle Kleiderschichten, und Wolf verschränkte die Arme: »Es ist nur so, so was passiert mir wirklich andauernd, ich lerne Menschen kennen und treffe sie zufällig wieder, und sie erinnern sich nicht an mich. Diese verständnislosen Blicke dann immer«, sagte er. »Diese Abwehr. Die gucken dich an, als wärst du verrückt.

Die glauben dir manchmal gar nicht. Die glauben eher sich selbst als dir, auch wenn du denen noch genau sagen kannst, was du über sie weißt.« Er schaute mich an: »Dass dein Vater wirklich Wolf heißt, dass das auch bei ihm keine Abkürzung für Wolfgang ist, dass er als Kind für den Namen gehänselt worden ist und lieber Peter geheißen hätte, nicht.«

Ich nickte. In meiner Tasche fühlte ich nach dem Zettel und nahm ihn heraus, ich faltete ihn auseinander, kramte auch meinen Kugelschreiber hervor, ließ die Mine dreimal klicken, hervor und weg und wieder hervor, strich den Zettel an der Hausmauer glatt. Das Papier zerfetzte unter meinen Buchstaben, ich schrieb: ›Wasserleiche‹, in Klammer dahinter: ›Luft mit angehalten‹, darunter: ›Wolf‹. »Was kann ich zu dir noch schreiben?«, fragte ich und ließ die Mine klicken.

Wolf nahm mir den Kugelschreiber ab und setzte seine Telefonnummer unter seinen Namen. Ich nickte. Ich spürte die heftigen Bewegungen, die mein Kopf dabei machte. »Schlimm, ich meine, was du da gesagt hast«, sagte ich.

»Man gewöhnt sich an alles«, sagte er.

»Das ist auch meine Hoffnung«, sagte ich. »Ich zum Beispiel, ich gucke mir solche Ausstellungen an, um mich abzuhärten, obwohl ich genau weiß, dass ich dann hinterher denke, ich hätte die Mädchen auf den Bildern bei mir im Park im Gebüsch liegen sehen.«

»*Das* ist schlimm«, sagte Wolf.

Als er wegging, schloss ich kurz die Augen und versuchte mir sein Gesicht vorzustellen, ganz klar, so, wie ich es eben noch gesehen hatte. Aber da waren nur die von den Vampiren getöteten Mädchen und ihre starren Blicke.

»Melde du dich«, hatte Wolf gesagt, und ich hatte genickt. Auf dem Weg zur U-Bahn nahm ich meine Handschuhe aus meiner Tasche und auf dem Weg von der U-Bahn nach Hause meine Schlüssel. Kurz vor meiner Straße wollte ich noch einmal nach dem Zettel fühlen, aber er war nicht mehr da.

Die Bewegungsmelder reagierten verzögert, als ich meine Wohnanlage betrat. Ich hatte den Gang zum ersten Hof fast schon durchquert, als mit einem Klacken das Licht an der ersten Tür anging, hinter mir; es war dasselbe mit dem Licht auf dem Gang, und ich lief über den dunklen Hof, als wäre ich nur ein vorauseilender Schatten, und jemand Eigentliches käme erst hinter mir her.

Kulisse. Statisten

An diesem Abend kam Frank mit einem Freund in die Bar. Ich saß an der Theke, hatte schon zwei Gläser Wein getrunken und eigentlich nicht mehr mit ihm gerechnet. Frank war sonst fast immer schon da gewesen, wenn ich die Bar betreten hatte; jetzt kam er auf mich zu. Er blieb neben mir stehen, legte die Hand leicht auf meine Schulter und schaute mich an, wie um festzustellen, ob sich etwas verändert hatte in meinem Gesicht. Dann lächelte er. »Willkommen zurück«, sagte er.

»Danke«, sagte ich.

Sein Freund war in einem Abstand zu uns stehen geblieben, als wolle er abwarten, dass wir ihn zu uns bitten würden. Er war ein Stück kleiner als ich und ziemlich dick. Sein Gesicht glänzte, sein Haar auch, zwischen den zurückgekämmten Strähnen schien die Kopfhaut durch. »Marcel«, sagte er, er betonte den Namen auf der ersten Silbe und trat einen Schritt näher. Ich nannte ihm auch meinen Namen, und er streckte mir die Hand hin.

Seine Haut fühlte sich weich an, wie eingecremt, und er hielt meine Hand so lange in seiner, dass es mir vorkam, als wäre es mehr als eine Begrüßung; eine Berührung, die mir etwas sagen sollte: Mein Beileid, oder: Du schaffst das schon. Zum Schluss ließ er seine Fingerspitzen über die Innenfläche meiner Hand gleiten, es kitzelte und verwirrte mich kurz, als hätte mich jemand im Vorbeigehen auf eine Art gestreift, die näher war als nötig.

Frank hatte sich neben mich gesetzt, und Marcel nahm auf der anderen Seite neben mir Platz. »Wir waren im Kino«, sagte Frank.

»Ach so«, sagte ich und sah, wie Marcel seinen linken Mundwinkel hochzog zu einem halben, abwartenden Grinsen, ich fragte nicht: In welchem Film. Ich bestellte ein weiteres Glas Wein, und wir schwiegen einen kurzen Moment.

»Marcel ist Schauspieler«, sagte Frank dann.

»Wirklich?«, fragte ich, ich schaute ihn an, er sah mir nicht so aus. »Am Theater?«

Marcel nickte und nannte mir einen Namen, irgendetwas mit Port oder Dock oder Pier, ich hatte noch nie davon gehört. »Musst du nicht kennen«, fügte er hinzu, und, wie um von sich selber abzulenken: »Und was bist du von Beruf?«

»Was ich von Beruf bin?«, wiederholte ich. Ich wollte fast lachen, so altmodisch kam mir die Frage vor. Ich fragte eher, und wurde immer nur gefragt: »Was machst du?«, was auch nicht besser klang; die Frage eines Kindes auf der Suche nach einem anderen, das sich weniger langweilt als es selbst.

Marcels Grinsen sah aus wie auf Stillstand geschaltet, als hätte er eben einen Witz erzählt und würde darauf warten, dass ich die Pointe verstand. Erst in dem Moment begriff ich, dass es ein Witz war, einer auf Franks Kosten, auf seinen Versuch, ein Gespräch zu eröffnen, und wie um den Witz weiterzuerzählen, sagte ich: »Ich bin Sekretärin.«

Marcel zog auch den rechten Mundwinkel hoch, und ich wandte mich wieder Frank zu. Er hatte mich die ganze Zeit angeschaut, ich hatte das mitbekommen, aus dem Augenwinkel, und konnte ohnehin davon ausgehen, dass es so war. Auf meinem Barhocker drehte ich mich näher an ihn heran, bis mein Knie seinen Oberschenkel berührte.

Frank tat, als würde er nichts merken, genauso gut hätte ich seine Hand nehmen können oder meine in seinen Nacken legen. Auch das hatte ich schon getan, an anderen Abenden. Frank schaute mich immer nur an, ruhig und als würde er ununterbrochen über mich nachdenken. Eigentlich mochte ich diesen Blick, und ich wusste nicht, woran es lag, dass ich jetzt schon wieder lachen wollte.

»Ich will ja nicht stören«, sagte Marcel, als wolle er gleich mit einem »aber« wieder einsetzen, und der Satz blieb in der Luft hängen, bis Frank sich von mir ab- und

Marcel zugewandt hatte. Über meinen Kopf hinweg begannen die beiden ein Gespräch miteinander, das ich entschlossen nicht verfolgte.

Ich starrte auf die Flaschen in den Reihen des Regals hinter der Theke und trank meinen Wein aus. Kurz darauf stand wieder ein gefülltes Glas vor mir, das Frank für mich bestellt haben musste, wie immer, wenn wir beieinander saßen. Er bezahlte auch immer alles, am Ende, und ging mit mir die paar Meter bis vor meine Haustür. Dort verabschiedete er sich, selbst an den Abenden, an denen wir uns geküsst hatten. Aber das kam selten vor.

Frank küsste mich jeweils nur zögerlich, so, als wäre er sich nicht sicher, ob ich das wirklich wollte, so, dass es zu seiner Art passte, mich anzuschauen. Er hatte an der Theke gesessen, als ich zum ersten Mal in die Bar gekommen war, und hatte mich den ganzen Abend im Auge behalten, als wäre ich ein Kind, das noch nicht schwimmen kann und das mit voller Begeisterung auf die Brandung zurennt.

Das hatte mir genauso gefallen wie der Gedanke, dass Frank jederzeit bereit wäre, sich in die Fluten zu stürzen, um mich zu retten – auch dann noch, als er begriffen haben musste, dass es dazu nie kommen würde. Eine Zeit lang kam ich fast jeden Abend in die Bar, und ich traf Frank fast immer dort an. »Irgendwann wirst du einsehen, dass die ganze Sauferei nichts bringt«, sagte er einmal zu mir, und ich sagte nicht, dass ich das, an seinem Beispiel, bereits sehr gut sehen konnte.

Frank war zehn oder fünfzehn Jahre älter als ich, so genau hatte ich ihn nie danach gefragt. Manchmal erzählte er mir von seinem Sohn, der noch zur Grundschule ging; »mein Junge«, sagte er, und es klang, als wäre es allein Franks Verdienst, dass sein Sohn in den Judoclub ging oder als Zauberer verkleidet zum Karneval.

Dabei hatte er ihn nur alle paar Wochenenden zu Besuch, und abends saß er dann statt in der Bar an der Bettkante und schaute seinem Sohn beim Schlafen zu. Er hatte mir einmal erzählt, wie gerne er das tat, hatte, allen Ernstes, von Unschuld gesprochen.

Die Mutter des Kindes erwähnte er nie, und in der vagen Vorstellung, die ich von seinem Leben hatte, spielte sie auch keine große Rolle. Die große Liebe konnte es jedenfalls nicht gewesen sein, sonst hätte Frank mir davon erzählt wie von seinem Sohn, immer ein wenig so, als wolle er angeben.

»Es gibt Fragen, die ich mir einfach nicht mehr stelle«, sagte er zum Beispiel, »ob mir ein Job Spaß macht oder nicht. Oder die nach dem Sinn.«

»Sicher«, sagte ich, »vielleicht sollte ich auch einfach ein Kind bekommen, dann müsste ich mir all diese unwichtigen Fragen nicht mehr stellen, was meinst du?«

»Das wollte ich nicht sagen, dass deine Fragen unwichtig sind«, sagte er.

»Nein, was du sagen wolltest, ist: Es gibt so viel Wichtigeres als das, nicht wahr?«, sagte ich, und Frank schwieg.

»Ich habe ein Kind zu ernähren, das ist alles«, sagte er ein andermal, es klang wie ein Glaubensbekenntnis, und in meinen Augen war es das auch.

Ich hörte Marcel reden, hörte seine Stimme, die gequetscht klang, als wäre er aufgeregt. Während Frank ihm antwortete, nickte Marcel unablässig, übereifrig, wie ein Streber, wie der Klassenbeste. Ich versuchte, ihn mir auf der Bühne vorzustellen, in einer anderen Rolle als dieser, ernsthafter. Es hätte mich interessiert, ihn zu sehen.

Marcel schaute mich an, mit einem Blick, der nur ein Zucken war, ganz kurz. Dann schaute er an mir vorbei in den hinteren Barraum, er kniff die Augen leicht zusammen, und seine Lippen bewegten sich, als würde er im Stillen ein paar Sätze vorformulieren. Er sagte erst nichts, dann: »Ich geh mal pissen.« Frank nickte, und ich schaute Marcel hinterher.

»Wie eng seid ihr miteinander befreundet?«, fragte ich, und Frank sagte: »Du kannst ihn nicht leiden.«

»Doch«, sagte ich, »sehr.«

Es dauerte nicht lange, bis Marcel wieder aus der Tür trat, die zu den Toiletten führte. Er blieb dort stehen, und ich sah ihn kurz auf- und abhüpfen, wie ein Sportler vor dem Rennen, federnd. Trotz der Masse seines Körpers schien er überhaupt nicht schwer, im Gegenteil. Es sah aus, als hätte Marcel sich durch diese paar Bewegungen in eine andere Form gebracht, eine kompaktere, oder die Energie in seinem Körper gleichmäßig verteilt; so, wie man ein Kissen aufschüttelt, dachte ich. Er klatschte einmal kurz in die Hände, dann ging er los. Er steuerte einen Tisch an, an dem zwei junge Frauen saßen, stemmte seine Hände auf die Tischplatte und begann zu reden.

Ich konnte nicht verstehen, was Marcel sagte, sah nur, dass er die beiden sehr schnell zum Lachen brachte. Noch war es, als würden sie ihn auslachen, mit verschränkten Armen, bereit, ihn in der nächsten Sekunde wegzuschicken oder erneut in Gelächter auszubrechen. Aber so, wie ich manchmal andere Menschen nur anschauen musste und dann zu wissen meinte, wie sie sich fühlten – ganz deutlich, als wäre ich an ihrer Stelle –, konnte ich sehen, wie sie Marcel vor sich stehen hatten, und wie sie nur denken konnten, was für ein kurioser kleiner Typ er doch war, wie komisch sie ihn fanden, wie abstoßend und interessant.

Frank schaute mich an. Er schüttelte sanft den Kopf. »Aber er *ist* ein Schauspieler«, sagte ich, wie um mich zu verteidigen. Frank sagte nichts. Es war bei unserem letzten Treffen gewesen, bevor ich dann gar nicht mehr in die Bar gekommen war, dass er mir vorgeworfen hatte, ich würde mir alles so anschauen, als säße ich im Kino.

»Es ist doch alles nur wie ein Film für dich«, hatte

Frank gesagt. »Ich, ein Schauspieler. Und das hier«, er breitete die Arme aus, »Kulisse. Statisten.« Und wirklich hatte ich schon den Zoom sehen können, von Franks Gesicht weg bis in die Totale, das Interieur der Bar, in der die Kellnerin bereits die Stühle hochstellte.

»Ein schlechter Film«, sagte Frank noch. Seine Stimme klang tief und ernst, wie die eines Erzählers aus dem Off: »Eine billige Dokusoap. Und du denkst, du guckst dir das mal an, weil grad nichts anderes läuft? Es ist die Wirklichkeit. Und auch das wirst du irgendwann noch merken. Hoffe ich zumindest.«

Ich hörte das Lachen der Frauen, das eine höher als das andere. Inzwischen hatte Marcel sich zu ihnen gesetzt. Er redete immer noch, aber bald würde er sich zurücklehnen können. Ich wusste genau, wie es weitergehen würde. Er hatte seine Wahl schon getroffen, aber ihnen würde es so vorkommen, als würden sie es unter sich ausmachen: wer von den beiden sich gleich verabschieden und wer noch bleiben würde, wer wen am nächsten Tag anrufen würde, um von der Nacht zu erzählen. Ich konnte das hören, wie sie sagten: »Ich kanns nicht *fassen*!«, und: »Oh Gott, dieser *Typ*!«, ihre hochgespitzten Stimmen und wieder das Lachen.

Ich schaute genau hin, schaute mir Marcel an, und für einen Moment war es, als würde ich ihn nicht nur sehen, sondern ihn spüren, sein Grinsen auf meinem Gesicht, die sicher festgeklemmten Mundwinkel, seinen Körper, wie er an meinem läge, und dann, wie es sich anfühlen würde, einen Körper zu haben wie seinen. Es waren nur Sekunden, in denen ich die Masse fühlte und, wie einen Hitzeschwall, der durch meinen Körper ging, Marcels Energie, die viel größer sein musste als meine, so viel Raum, wie er einnahm, über die Grenzen seines Körpers hinweg und völlig präsent in dieser Situation.

»Gelernt ist gelernt«, sagte ich zu Frank, und: »Die einen könnens, die anderen nicht.« Bei unserem letzten Treffen hatte ich nichts gesagt zu seinem Vorwurf, weder, dass er recht hatte, noch, was er übersehen hatte: dass ich mir selber oft genug vorkam wie Teil einer Inszenierung. Als wäre ich eine Schauspielerin, sobald Franks oder irgendein Blick sich auf mich richtete, aber eine, die es eben nicht richtig gelernt hatte, die nie ganz da war, nie ganz eins mit ihrer Rolle, aber auch nie ganz losgelöst davon.

Ich schaute Frank an. Ich versuchte, mich auf sein Gesicht zu konzentrieren, aber es drehte sich vor meinen Augen und schob sich zur Seite wie die Gedanken hinter meiner Stirn, wie die Bilder einer Diashow, immer wieder weg.

»Arbeitest du jetzt wirklich als Sekretärin?«, fragte er.

»Nein«, sagte ich. Es kam mir ewig her vor, dass ich das behauptet hatte, und unsinnig zu erklären, warum oder wie ich darauf gekommen war, dass es mein Berufswunsch gewesen war als Kind, obwohl ich keine Ahnung gehabt hatte, was eine Sekretärin eigentlich war, und dass ich immer noch nicht arbeitete – jedenfalls kam es mir nicht so vor –, sondern nur immerzu irgendwas machte.

Ich wusste, Frank wartete darauf, dass ich ihm erzählen würde, was ich jetzt machte, was überhaupt passiert war, seit wir uns das letzte Mal gesehen hatten, in den Folgen, dachte ich, die er verpasst hatte. Aber ich schwieg, und nickte nur, als er sagte: »Du hast mir gefehlt.«

Er hatte mir auch gefehlt, das war der Grund gewesen, warum ich an diesem Abend noch einmal in die Bar gekommen war. Das wusste ich noch, aber dieses Wissen kam mir nun vor wie eins der Dias, die alle nur gezeigt worden waren, um am Ende einem sehr hellen Viereck Platz zu machen, das blieb.

Ich trank mein Glas leer, ich wusste, dass Frank jetzt noch etwas sagen würde und dann ich, und dass ich dann gehen würde; ich war mir so sicher, als läge das Drehbuch zu unserer Szene offen vor mir und ich hätte nur unseren Schlussdialog nicht mehr im Kopf. »Ich dachte schon, du wärst tot«, sagte Frank, und ich wusste nicht, wie ich darauf kam, zu sagen: »Bin ich doch auch«, oder darauf, zu denken, dass das stimmte.

Hinten im Raum saß Marcel nur noch mit einer der beiden Frauen an einem Tisch, und während dort gerade erst etwas begonnen hatte, hörte ich, wie zwischen Frank und mir die Geigen einsetzten und dann das große Orchester, und es war gut zu wissen, dass es langsam dunkel werden und ganz bald, mit einer Nahaufnahme meines leeren Glases vielleicht, der Abspann beginnen und die Zuschauer ihre Plätze verlassen würden.

Inhalt

Umschlaggestaltung: Michel Keller, München
Satz + Typografie: www.frese-werkstatt.de
Druck und Bindung: Pustet, Regensburg
ISBN 978-3-88897-642-1
1 2 3 4 5 • 13 12 11 10